JN079743

中澤高志

経済地理学とは何か

批判的立地論入門

旬報社

はしがき

　学生の頃，身銭を切って買った本は，思い出深いものである。そうした本の1冊——実際には上下に分かれている——『現代地理学のフロンティア』（グールド1989：17-22）の冒頭には，身につまされるエピソードが書かれている。カクテルパーティーの席上，著者は初対面の女性との会話の糸口を探している。「お仕事は何をしていらっしゃるのですか?」と聞かれ，著者はどう答えていいのか考えあぐねた挙句，「実は，私は地理を教えているのです」と答える。すると女性は，「まぁ，そうですか，ところでノースダコタ州の州都はどこですか?」と笑いながら言い返してくる……。

　そこらに転がっている話である。地理学をなりわいとしている読者，あるいは地理学を学んでいる読者も，きっとどこかで同じような経験をしたのではないだろうか。世間の無理解に対して，「地理学は首都の名前や山の高さを覚えることではない」と言いたくなるのはやまやまである。それでは，「『首都の名前や山の高さを覚えることではない』地理学とは何か?」と聞かれたらどうする……相手のではなく，自分の地理学に対する無理解を，かえってさらけだすことになる。

　地理学ならまだいい，と私は思う。中学や高校の「地理」の経験を共有している分，相手が地理という言葉に先入観を抱いており，勝手に誤解

してくれるから，そこを混ぜ返さなければ，場の空気は流れていく。しかしこれが経済地理学となると，そうはいかない。相手はまったく先入観がないため，経済地理学と聞いても何も思い浮かべてくれない。そこで十中八九は「経済地理学って何?」とぶつけてくる。

　地理学教室に身を置いて学んでいた時には，そのような問いにさらされることはまずなかった。ところが実体験に基づいていえば，地理学教室ではないポストに就くや，のっけから「経済地理学って何?」に立ち向かわなければいけなくなる。「地域経済についていろいろと調べたりしてまして……」などと答えてみるが，自分と同じくらい，相手も納得していないことはよくわかる。そこで，少し立ち入って自分の研究について話してみると，今度は「それって経済地理学なんですか?」などという，もっと手痛い打撃をこうむることになる。

　ひりつく心の傷とともに体得したのは，事業所や工場や店舗の立地を引き合いに出すと，門外漢の納得度が高くなるという経験則である。今の職場である経営学部では，特に納得されやすい解答である。わが身を振り返っても，経済地理学の講義では，経済地理学の基礎理論だといって，立地論をしたり顔で解説してきたではないか。しかし本心では，立地論を基礎理論として自分なりの経済地理学を組み立てたいなどとは，ほとんどというか，まったく考えたことがない。要するに，講義ではうそをついてきたわけだが，だんだんそのことへの違和感が募ってきた。「経済地理学とは何か」という問いに主体的に向き合いたいと，ようやく思うようになってきたのは，ここ5，6年くらいのことだろうか。

　学問の基本は，「巨人の肩の上」に立つこと，つまり，先人の積み重ねた業績を踏まえ，そこに自分のささやかな業績を積み増すことである。そこで，自分自身が学生時代から親しみ，オーソドックスとされてきた立地論を中心とする経済地理学を批判的に検討することから始めることにした。しかし，批判的検討というのは，相当に難しい。日本語の「批

判」という言葉には，個人攻撃に近い「破壊的」な含意があるからか，日本の教育では批判的態度を身に付けることが重視されてこなかった。「教科書を疑え」とよく言うが，学生が教科書を疑うだけの知的訓練を受けていないのはもちろん，ほとんどの場合，教える側も教科書通りに教えているのが実状である。私の場合，在外研究中に先行研究の単なる紹介ではない，原著性をもった「私なりの」レビュー論文を書くのに苦労するうち，ようやく批判的であることと，その「建設的」意義が腑に落ちた感覚がある。

しかし，自分が教わったようなオーソドックスな経済地理学に取って代わるべき自前の経済地理学は，まだ影も形もない。ないものは講義できない。そこで，経済地理学の講義では，立地論のエッセンスを講じた後，それに対する批判を試みることにした。「経済地理学って何?」という問いに答えようとする私の醜い「アヒルの水かき」の現段階を，そのまま学生に披露することにしたのである。

それを少し整理して，より広く多くの人々に読んでもらおうというのが，本書の趣旨である。露悪趣味といわれれば，その通りである。それでも，経済地理学に類する講義を担当している多くの友人の助けになることがあるかもしれない。学び励んだ経済地理学に飽き足らなさを感じた学生や院生を挑発できるかもしれない。そうした読者からのフィードバックが得られれば，「経済地理学とは何か」という問いの答えに一歩でも近づけるかもしれない。今一歩の利己主義が許されるならば，私のこれまでの研究と，これからの研究の問題意識が，なぜそのようなものになるのかを，私自身が理解する補助線に，本書がなってくれるだろうとの期待もある。

この文章を書き始めたのは，2020年4月13日の夕刻である。洪水注意報が出るほど強い雨が窓を打ち付けている。しかし，私が家に閉じこもっているのは，もちろんそのせいではなく，COVID-19のためである。他

の大学教員同様，オンライン講義の教材を作らなければならなくなっている。それならいっそのこと，本にまとめてしまってはどうか，と思いついたのである。したがって本書は，講義科目「経済地理学A」の内容を基にしており，そこに含まれる立地論の基本的知識は，地理学を専攻する大学院生や研究者にとっては百も承知のことが多いだろう。そのような人たちが手に取り，読後，「知っていたはずのことが新しく見えた」と感じてくれたなら，これに勝る喜びはない。批判からオリジナリティが生まれたことの証なのだから。

グールド，P.著，杉浦章介・二神真美訳(1989):『現代地理学のフロンティア』地人書房。

第3章 チューネンの農業立地論
——A=√ap への歩み

第4章 ウェーバーの工業立地論
——ある挫折の記録

第7章 立地論を超えて

第 1 章

経済地理学の
自分探し

1 「経済地理学とは何か」についての個人的探求

　学会の創設とは，学問という営みの中である領域を囲い込み，制度化することである。そういう意味では，経済地理学会の創立総会が行われた1954年4月29日（経済地理学会学会史編纂委員会2003）は，日本における経済地理学の制度的誕生日といっていいだろう。この日を境に，経済地理学会の会員は，経済地理学者を名乗るお墨付きを得たことを意味する。ところが，制度的にはそうであるとしても，経済地理学者を自称する人の間に「経済地理学とは何か」についての共通認識がまだ固まっていない。だから，「自分がやっていることは本当に経済地理学なのだろうか?」という疑心暗鬼が生まれてくる。そのもやもや感を少しでも取り払いたいからだろう，初期の『経済地理学年報』には，「これが経済地理学だ」という自己主張と意気込みに満ち溢れた経済地理学本質論が数多く掲載されている。しかし，本質論が収束を見ないまま事例研究が増加した結果，経済地理学とみられる学問領域はぼんやりと広がっていった。

　記念すべき経済地理学会30周年記念大会のテーマは，「戦後日本における経済地理学方法論の展開」であった。その総括として，太田勇は次のように述べた。

　　ところで，始終反復される「地域」の概念についての議論，それに関連する経済地理学の理論，目的の検討は，今後大会でどのように取り上げるべきなのであろうか。来るべき学会創立40周年記念大会におい

て，また「課題と方法」あるいは「概念」の大討論会を開催すると，明らかな質的向上，より説得力のある説明が確認されるのであろうか。本質論についての過去30年の成果を的確に把握できない筆者には，それは予想しがたいことである。学問の枠組み，その研究領域・対象をいつも論じなければならない経済地理学は，永遠に若々しい科学であるかもしれない（太田1984：11）。

「永遠に若々しい」のはいいことかもしれないが，30歳にもなって，自らの進むべき道がはっきりしていないとしたら，それは問題である。経済地理学会は，創立以来30年にわたって本質論を戦わせてきたが，学問としての方法や対象に関してはいっこうに着地点が見えてこない。「経済地理学は，永遠に若々しい科学であるかもしれない」という表現は，いつまで経っても大人になれない経済地理学に対する痛烈な皮肉以外の何物でもない。

　それからさらに30年の月日が流れ，2014年に経済地理学会は60周年を迎えた。人間ならば還暦である。2013年6月に開催された60周年記念大会のテーマは，「経済地理学の本質を考える」であった。改めて「本質」を問わなければならないことに，還暦を迎えてもなお自分探しに惑う経済地理学の実情がまざまざと現れている。

　学界全体の問題は，個人的な問題となってわが身に降りかかってきた。60周年記念大会のシンポジウムの登壇者に指名されたのである。光栄は光栄なのだが，今まで他人事であった「経済地理学の本質を考える」ことが，突然「自分事」になってしまった。

　しかし，どこから手を付けていいのか全く見当がつかない。根がまじめにできている私は，経済地理学の辞書的な定義を確認することから始めることにした。

　まずは座右から重くて扱いづらい『人文地理学辞典（1997年朝倉書店発行）』を取り上げ，「経済地理学」の項目を探した。奥野隆史（当時筑波大学）の手になる「経済地理学」は，「人文地理学の一分野であり，人間の生存条件の一要素である経済的物資の生産，利用，再生産の空間的な成立，

配置，機能，変化を解明することを目的にする」との一文から始まり，経済地理学は人文地理学の一分野であると謳われている（奥野1997：114-115）。ごく簡単に経済地理学の歴史を述べた後，「伝統的には，1）地表上に展開される経済的物資の生産，利用，再生産と自然環境との相互作用とその関係を重視する交互作用論，2）それらの成立や配置の法則性をとらえようとする立地論，3）それらの地域的特徴を構造的にとらえようとする経済地域論の3つが大きな潮流となってきた」と経済地理学の三本柱が提示される。そして，時代の要請にこたえるべく，経済地理学がエネルギー資源，労働，福祉などの諸領域に関連するようになったと語られ，「現在の経済地理学の領域は大きく拡大し，社会地理学，文化地理学，政治地理学，行動地理学などと密接に関係している」と締めくくられていた。経済地理学の三本の柱が明確になったのは収穫であったが，現在の経済地理学は人文地理学とほぼ等しいということなのか？という割り切れなさは残った。

　次に手に取ったのは，『経済学辞典（1992年岩波書店発行）』[1]である。「経済地理学」という名を負っているのだから，経済学者向けの解説にもあたるのがフェアだろうと思ってあたってみたのである。川島哲郎（当時大阪市立大学）の解説は，『人文地理学辞典』よりもはるかに詳細かつ理解困難な部分を含んでいた（川島1992：327-328）。

　解説はⅠとⅡに分かれている。Ⅰでは，やはり簡単な歴史を受けて，19世紀末以降「の経済地理学の展開は，およそ3つの方向に要約できる」としている。気を引き締めて読んでいくと，「第1はこの学問を環境論的伝統に沿って，経済諸現象と地理的自然環境との関連についての科学，いわゆる〈関係の科学〉（Beziehungswissenschaft）として擁立しようとする方向である……第2の方向は，経済地理学を経済活動，特に生産の配置または立地にかんする科学として定義づける立場である……第3の方向は……地理学を地域に関する科学とする立場から，地域の経済的個性の記述を重視し，この学問を経済地誌として確立しようとするもの」と整理されている。

　『人文地理学辞典』との対応で言えば，第1の「関係の科学」は，「交互

作用論」，第2は「生産の配置または立地」とあるから「立地論」，第3の「経済地誌」は「地域経済論」に相当するとみて差し支えないだろう。経済地理学の三本柱については，見解がほぼ一致している。少し安心してⅡに進むと，とんでもない記述に行き当たる。

　Ⅱの導入にある「経済地理学の出発点が経済現象の場所的差異，またこの場所的差異が複合して形成する経済の地域的個性(地域性)であることは一般の承認をえている」というのは安心材料である。ところが直後に，「いま経済地理学が第3の潮流の主張するようなたんなる記述の学問でないとすると，とうぜんこの学問の課題はこの経済現象の場所的差異，経済の地域的個性の形成・展開過程の理論的分析と，これを貫く法則性の追求ということになる」とある。どうやら，第3の潮流すなわち「経済地誌」は，理論や法則追求を伴わない「たんなる記述の学問」であるとされているらしい。さらに進むと「現象の場所的差異，また全体としての地域的個性をうみだすものは，まさに経済の発展じたいであって，たんなる自然的環境の影響や没歴史的な立地法則の作用ではない。この意味で〈関係の科学〉的立場や立地論的立場は，その理論の当否を離れて，この学問の中核を構成しうる方向ではない」として，第1，第2の立場も次々なで斬りにされ，啞然とするしかないのである。

　資本主義経済に与える自然環境の影響が小さくなっていることからして，「関係の科学」が次第に経済地理学の周縁に追いやられているというのは，直感的になんとなくわかる。しかし立地論がなぜだめなのかは，よくわからない。先に経済地理学の課題として，理論的分析や法則性の追求が掲げられたが，立地法則は没歴史的だから法則追求の方向性としてはだめらしい。

　経済地理学の主柱とみられた三本柱すべてを否定するなら，川島は経済地理学の中核を構成するのは何だと考えているのだろうか。それに相当するのは，以下の部分だろう。

　　経済現象の場所的差異，経済の地域的個性とみられるものの本質は，まさにこの意味での経済の空間的投影なのである。したがって経済学

の研究は，経済の展開を直接その時間的継起にしたがって追求し，それを貫く法則性を究明しうると同時に，逆にその空間的投影の分析をつうじて，発展の各段階，発展の各コースに固有な空間的展開の論理を明らかにし，経済発展の法則それじたいの具体化と精緻化に寄与することが可能である。

　この部分だけ読んでも，率直に言ってよくわからない。「経済の空間的投影」という表現からの連想では，「経済」という固有のメカニズムを持った「プロジェクター」のようなものがあり，それが「スクリーン」である空間に投影され結んだ映像が，経済面での場所的差異や地域的個性を持った現実の世界であると考えればよいのだろうか。この比喩が正しいとすると，空間的投影つまりは「スクリーン」に映った映画なりなんなりを分析すると，「プロジェクター」本体に対する理解が深まるようなことになる。私は映画館によく足を運び，たくさん映画を見ているが，映写機のメカニズムについての理解は全く深まっていない。どうも納得がいかない。

　分からないままに項目の終盤に差し掛かり，「もっとも経済地理学の学問的性格にかんするこのような理解は，とうぜんこの学問を経済学の一分野と理解する前提に立っている」という記述に出くわす。『人文地理学辞典』では，冒頭で経済地理学は人文地理学の一分野である宣言していたのに，ここでは「とうぜん」経済学の一分野であると言い切っており，さらに混乱が深まる思いである。

　一応の合意を得ているのは，経済地理学には伝統的に3つの柱があることだが，それは言い換えれば経済地理学がもともと一本化されていなかったということである。その伝統を踏まえたうえで，『人文地理学辞典』はほとんど人文地理学全体に戦線を拡大している現状を特に否定していないのに対し，『経済学辞典』は伝統的な三本柱をほぼすべて打ち倒して，「経済の空間的投影」を主柱とする経済地理学を打ち立てようとしている。学会創設から幾星霜を経ても，経済「地理学」なのか「経済」地理「学」なのかすら，定まっていない状況なのであった[2]。

ところで，私が60周年記念大会の準備に頭を抱えていたころには刊行
されていなかった『人文地理学事典（2013年丸善発行）』の「経済地理学」は，
後に紹介する「国民経済の地域構造論」の創始者，矢田俊文が執筆してい
る（矢田2013：240-243）。そこで矢田は，経済地理学を経済学と地理学の「学
際領域」に成立する学問であるとしている。すなわち，「経済地理学は，
経済学と地理学の学際分野に位置づけられ，経済現象の空間的な展開を
理論的実証的に分析し，政策課題に対応する。換言すれば，地表で展開
する生産・流通・消費に焦点をあて，その空間的現象を考察する学問」
であるとされ，その具体的な領域として「経済地誌論」「分布ないしシス
テム論」「資源・環境論」「経済立地論」「地域構造論」「地域政策論」と6つ
が挙げられている。
　失礼ながら，「学際的研究」とはうまい逃げ方であり，6つの領域は伝
統的な三本柱を包摂してもいる。しかし「学際的研究」という口当たりの
よい言葉は，川島が認められない逃げ口上だとあらかじめくぎを刺して
いるのである。「経済地理学が，地理学と経済学の両分野にまたがってい
るということは，この学問が地理学と経済学という二つの学問の扱う現
象が，オーバーラップしている領域で成立する，いわゆる学際領域の学
問であることを，必ずしも意味していない。だから，ここには単純な学
際的研究として片づけられない問題が存在する（川島1986：1）」からだとい
う。父親と母親の個性をいくら追求したところで，子どもの個性は知り
えない。川島は，経済地理学は経済地理学として，学問の固有性を獲得
しなければならないと考えたのだろう。しかし，『経済学辞典』を読んで
も，「経済の空間的投影」を主柱とする経済地理学がどのようなものかは
はっきりしないし，川島の著作を読み進めても，必ずしも一貫した経済
地理学像が浮かび上がってはこない。

2　日本の経済地理学の系譜

(1) 前史
　辞書を紐解いて分かったのは，経済地理学の辞書的定義すら定まって

いないことである。しかしその作業は，決して無駄ではなかった。あいまいさや多義性を前提にしていいわけだから，「経済地理学の本質を考える」というお題目には正解はなく，60周年記念大会では臆することなく「私の考える経済地理学の本質」を話せばいいことになるからだ。ただ，学問とは，巨人の肩の上に立つこと，すなわち，先人の学問的業績に敬意を払い，それを踏まえたうえで新たな知識を——わずかではあるとしても——積み増すことであるから，「先人の考えた経済地理学の本質」をもっときちんと知っておく必要がある。そのため，簡単にではあるが，経済地理学の歴史を振り返っておこう。

　戦前については，経済地理学の起源が1つではないことが分かる程度の，ごくごく簡単な整理にとどめておきたい。日本に登場した最も古い経済地理学は，物産地誌や商業地理といったスタイルであり，「所変われば品代わる」的な商業の実用知識を伝える目的で，高等商業専門学校などで講じられていた[3]。「暗記物」ではないアカデミックな経済地理学の開拓者とされるのは，佐藤弘である。佐藤は，ドイツに留学した後，ディートリッヒの交互作用論を取り込んだ経済地理学を提起した。ここでいう交互作用とは，環境と人間の相互作用である。人間から環境への働きかけの度合いは文化水準の関数であるとみなされ，時とともに文化水準が高まると，人間の自然支配によって原初景観は消え去り，文化景観に取って代われるという（春日1986）。こうした機械的なディートリッヒの交互作用論に飽き足らなくなった佐藤は，環境と人間の相互作用の結び目に位置する労働過程に注目したカール・ウィットフォーゲルの弁証法的交互作用論を取り入れ，理論的な前進を図った。佐藤のライバル的存在であったとみられる川西正鑑も，ウィットフォーゲルの弁証法的交互作用論に基づく経済地理学の方法論を磨き上げていった。

　地誌や環境と人間との関係という，いわば地理学の決まり文句とは縁遠いところで，経済学者によってはじめられたのが，立地論的経済地理学である。ここでは，ドイツに留学し，本書では主役級の扱いを受けることになるA.ウェーバーの下で学んだ黒生巌の名前を挙げておこう。黒生は，当時の日本経済を1つの全体であるとみなし，工業立地論を軸に

その地理的な編成を明らかにしようとした[4]。

　戦前の経済地理学のハイライトは，1935年に日本経済地理学会が結成され，機関誌『地理と経済』が創刊されたことだろう。会にはさまざまな立場の経済地理学者のほか，後に紹介するチューネンの『孤立国』の訳者である近藤康男（農業経済学者）など，他の学問分野からの参加者もあった。しかし学会の創設は時期尚早だったとみえて，『地理と経済』はわずか1年と数カ月で廃刊になってしまう。日本経済地理学会の挫折からほどなくして，経済地理学者達は戦時体制とどう向き合うかを問われることになる。ある者は本当にそれを信じて，ある者は体制に迎合して「地政学（Geopolitics）」に身を投じ，またある者はマルクス主義の研究を通じて共産主義の浸透をたくらんだとして特高に検挙された。戦死した人もいる。いずれにせよ，アカデミズムとしての経済地理学は戦争によって瓦解した。

(2) 対立軸としての伝統的人文地理学

　戦時体制の下でもてはやされた地政学の反動は，終戦後の地理学を存亡の危機に陥れるほど激しいものであった。地政学に加担した多くの地理学者が，公職追放となったり，自ら職を辞したりしたため，組織的な研究・教育が困難になったのである。それでも明るい兆しはあった。地政学に対する反省と批判のみならず，帝国大学を頂点とする既成の地理学に対する批判が沸き起こってきたのである。そんな中，1952年の経済地理学談話会を土台として，経済地理学会が1954年に発足した。加わった研究者は，世代的には戦前すでに名の知れた大御所から戦後派まで幅広く，よって立つ研究スタイルの点でも地誌，マルクス主義，立地論と，多士済々であった。しかし，経済地理学あるいは経済地理学会が，「アンチ伝統的地理学」というアイデンティティを獲得するまでには，それほど時間はかからなかったようである。

　立地論については，これからたっぷりページを割いて話していくが，伝統的地理学とは初めから全く接点を持っていないので，経済地理学を人文地理学の一分野とする立場から話を進めよう。もともと人文地理学

は，自然地理学の強い影響下で成立してきた。自然地理学から派生して
きた，といってもよい。そのため，経済活動を含めた人間活動の地域的
差異の主な要因は，もっぱら自然環境の地域差に求められてきた。科学
技術と資本主義の発展に伴って，自然環境が経済活動に与える影響が相
対的に弱くなると，自然環境を原因，経済活動の地域差を結果とするよ
うな素朴な自然環境決定論は影を潜め，自然環境が与える制約と可能性
の中で，人間が何を選択し実現するかを問う環境可能論が力を増してき
た。交互作用論もまた，この流れに位置づく。都市人口が増え，都市的
生活様式が浸透してくると，災害時などの非常時を除けば，日常生活が
自然からの直接的で強い影響にさらされる場面は少なくなる。それでも
なお，経済地理学会が創設された頃の地理学の権威は，あくまで自然と
人間，自然地理学と人文地理学を切り離すことなく「単一の地理学」とい
う立場をかたくなに守ろうとしたのである。

　当時，人文地理学の王道とされていたのは地誌であった。京都大学に
あって，歴史地理学と地誌の主導者であった藤岡謙二郎は，「地誌は通論
と異なり，事実の羅列に終わる無味乾燥の傾向にあるが，最後の地域区
分こそは学者によって同じではなく，ここにこの学の面白さと困難が横
たわるといいうるのである（藤岡ほか1957：5）」と述べており，地誌作成の
先にある地域区分を地理学の最終目的と考えていたようである。学会創
設期，経済地理学者が攻撃の矛先を向けたのは，こうした記述が自己目
的化した地誌であり，それに胡坐をかいた伝統的（人文）地理学であった。
無味乾燥な事実の羅列をそれでいいとする伝統的地誌に対して，経済地
理学会設立時からのメンバーである鴨澤巌は「ふるい形式の地誌は，地
理学は自然と社会とを同じようにあつかう（単一の地理学）といった誤った
方法に立脚していたために，デパートみたいにあれやこれやの項目をな
らべてていた。そこには，当該地域における問題を中心に考察してい
くといった態度はみられず，たんに平板な紹介のみが行われていた（鴨澤
1960：150）」と批判する[5]。なお，ここでいう「地域における問題」とは，資
本主義によって必然的に引き起こされる地域問題のことである。

　今度は，東京大学人文地理学教室の創設者である木内信蔵の言葉に耳

を傾けてみよう。「地誌で扱っている諸々の要素は，すべて地域性のための手段として提示されるのであって，地形・人口・経済等々の個々の事象の分布を扱うだけでは目的を達成しないのである。これをさらに推し進めると，『地域精神』ともいうべきものを探求し，それにより地誌をまとめる中核とすることを意味する（木内1968：217）」というように，やはり地誌を重視している。「地」について「誌」し，それに基づいた総合的地域区分を行うためには，地域を地域としてまとめ上げている「何か」——木内のいう「地域精神」——をどうにかしてつかみ取る必要がある。 木内によれば，「地域精神」は「地域の中にあって地誌研究者が掘り出すべきものなのか，あるいは，研究者が絶えず磨いて持っているものか，いずれとも断言できないが，研究者の優れたヴィジョンと客観的な思考による産物（木内1968：217）」だそうである。「地域精神」とは，実在か観念かいずれとも断言できないが，主観的かつ客観的な思考の産物らしい。経済地理学会設立時からのメンバーである上野登がユニークな言葉で批判したように，「地域精神」がどうしたら得られるかは「木内のような優れた人でも伝授することがむつかしいらしい。まさに武道の極意のようなものらしい。そこのところは，キャッチャーのようにたくみに受け取るべきことになる（上野1968：44）」としか言いようがない。

(3)「経済地誌学派」

　伝統的（人文）地理学への批判者として登場してもらった鴨澤巌と上野登は，戦後日本の経済地理学史において，「経済地誌学派」と呼ばれる経済地理学者の代表格である。ただし，自分たちが「経済地誌学派」を名乗ったわけではなく，後で登場する国民経済の地域構造論に与する研究者によって，批判を込めてそう呼ばれてきたのである。経済地誌学派の総帥ともいえるのが，木内と同じ東京大学でも，東洋文化研究所に籍を置いていた飯塚浩二である。ブラーシュの『人文地理学原理』の訳者として聞こえていた飯塚は，まさにその流れを汲んで「人類の地域社会をその郷土との関係，その社会が占有し，またその生活を依拠せしめている土地との関係において考察する（飯塚1975：335）」[6]ことを，地理学の中心的

課題であるとした。重ねて「地域社会とその郷土との関係をいかに把握すべきかの方法」について問うとき，飯塚は「地理的決定論」を即刻否定し，「この関係はわれわれの社会生活の歴史的な発展に即し，生活様式の経済史的な発展段階に即して」歴史的に把握すべきであるとするのである。

　飯塚を「地理学の方法論的反省」に駆り立てたのは，「社会科学の一部門としての地理学」を打ち立てようとする情熱であった。人間もまた生物である以上，生身の人間と自然との結びつきがなくなることはない。しかし，資本主義社会においてより重要で本質的なのは，技術的な生産手段を介した生産活動による自然と人間との結びつきである。ある地域社会の生活は，もはやそれがよって立つ郷土（地域）の自然的要素，つまりは土地とそこで得られる資源だけに支えられるものではなく，他の地域社会との交流があってはじめて成り立つ。地域社会相互の交流をもたらす交通や交易は，「人類の生活圏を各自の狭い郷土から解放し，他の地域社会との政治上・経済上の関係を介して，他の地域社会の郷土に属する自然的諸要素との結びつきを可能にするための技術的手段（飯塚1975：338）」として発展してきたのである。ここで飯塚は，郷土あるいは地域を外に向かって開かれたものととらえている。これは，地域に境界があることを自明視して地域区分のための地誌を目指す藤岡や木内の方向性とは真っ向から対立する。

　このように飯塚は，人間を生物としてよりも社会的存在——人の間にある人間——と認識し，地域における人間集団と郷土（地域）の関係とその変容を，経済史的な発展段階論に即して把握しようとした。飯塚の著作には，マルクス主義を強くにおわせる用語や書きぶりはほぼみられないのであるが，マルクス主義の洗礼をうけ，伝統的人文地理学に飽き足らなさを感じていた同時代の若い経済地理学者の目には，飯塚の地理学方法論が史的唯物論[7]に基づいていることは明らかであった。そして飯塚の方法論をより明示的に史的唯物論と結びつけ，欧米に先んじて日本独自のマルクス主義経済地理学を発展させたのが，鴨澤巖であり，上野登であった。

　鴨澤は，主著『経済地理学ノート』（鴨澤1960）を内容面に不備があるとし

て絶版にしているので，詳細な検討はしないでおく。上野は，経済学部の出身で，ほんの偶然の機会から宮崎大学で地理学を講じることとなった。「専攻してみて地理学という学問が，社会認識の科学として何らの方法論も持っていないのにおどろき（上野1972：12）」，飯塚浩二の著作を足掛かりとして過去の地理学方法論に透徹した批判を加え，これにマルクス主義の理論を意識的に導入するという苦闘の末に出来上がったのが『経済地理学への道標』（上野1968）であった。上野の著作は独特の文体で書かれていて味わい深いが，かなり難解である。上野によれば，ブラーシュとその後継者である飯塚が鍵概念とした生活様式は，現象的直感的概念であり，より基底的抽象的概念である生産様式から考察を始めるべきであるとする。ここは，いきなり具体的なもの——ここではある地域における生活様式——の検討に取り掛かるのではなく，より基底的で抽象的な概念——ここでは抽象的なレベルで生産力と生産関係を統一的にみた生産様式——を出発点として具体に向かう「上向」と呼ばれる理論的過程を経ることにより，具体的なもの——ある地域における生活様式——は，複雑な因果関係の絡み合いからなる豊かな総体として把握できるという，マルクスの『経済学批判要綱』[8]の方法論を踏まえたものだろう。

　史的唯物論から理論的に導かれる発展段階に沿って生産様式が変化すれば，生産，再生産，分配といった経済活動の空間的配置もまた，一定の法則をもって変化するはずである。これが，上野の考える経済地理学の第1の領域であり，従来，一般地理学または系統地理学と呼びならわされてきた法則定立的領域である。ある時代のある地域の姿は，この法則，すなわち資本主義の発展過程に規定されており，資本の運動はしばしば地域に矛盾や問題を引き起こす。しかし地域は，資本主義の発展過程の法則に完全に規定されているわけではない。上野は，労使対立や地域問題に対して地域の主体が繰り広げる実践にも目を向ける。そして，一般法則とそうした実践とのせめぎあいによって地域が変容していく姿を，矛盾に満ちた運動として明らかにすることを，経済地理学の第2の領域とする。経済地理のすべてが史的唯物論によって決定論的に説明できるわけがない。経済地理を作り上げる地域社会の能動性・主体性を，

上野は認めていたのであり，それに期待もしていたのである。だからこそ，「地誌的研究によって明確にされてくる地域経済の矛盾を，地域の経済を主体的に構成している市民や住民の立場に立って解決していく方途（上野1968：61）」を探る地域経済政策論を経済地理学の第3の領域として掲げたのであり，上野はそれに自ら取り組みもしたのである（上野1975）[9]。

　経済地誌学派の名に違わず，理論面において上野の貢献が最も大きかったのは，第2の領域であった。『地誌学の原点』（上野1972）は，上野が和辻哲郎，上原専禄，高島善哉そしてアンリ・ルフェーブルといった碩学と果し合い的に切り結び，「地誌学とは何か」を徹底的に考えた成果である。私は，これだけの熱量を感じる地理学の著作を他に知らない。そこでは，「地誌学は，一般地理学が究明する社会発展の弁証法的過程，すなわち生産力の発展に対応して変化していく人為的環境の姿を，地域的人間集団の主体的実践的活動を基本的視点にして具体的・現実的に研究する科学である（上野1972：158）」と結論付けられる。印象的な言い方になるが，経済地理の成立を「上から」説明する一般地理学に対し，「地域的人間集団の主体的実践的活動を基本的視点」とする地誌学は，「下から」の経済地理の生産に重きを置いている。

　そのような「地誌学の究極の目的は，人間存在の基盤である風土的環境が，私的所有制のために物象化され，幻想的な対象性に転化し，地域的人間集団を疎外していく実態を批判的に分析することにある。さらに，その批判的分析の上に立って，地域的人間集団が幻想的な対象性に転化していく環境に対して行う実践活動を提起すること（上野1972：204）」である。つまり，地誌学の目的は，記述することそれ自体にあるのではなく，本来地域的人間集団と調和的であるはずの環境が人間を疎外しているありさまを描き出し，そうした状況を変えていく実践の「道標」を打ち立てることにある。「近代の市民社会の構造は，むしろ自己の足下の地域を，排他的な意味において自己の独自の郷土と感ずる手がかりを失わせるような生活経済の原理にしたがって組み立てられている（飯塚1975：338）」とあるように，環境による人間の疎外という論点は，飯塚によって既に提起されている。上野は，その問題意識を初期マルクスの疎外論にそって

深め，さらには環境による人間の疎外という現実を実践によってつくり変えていく運動のベースマップづくりとしての地誌学を提起したのであった。

今日，上野の著作に言及する経済地理学者は少ない。理論志向の経済地理学者でも，彼の著作はマルクス主義の教条に染まっている，として敬して遠ざける傾向にある。その通りだろう。それでも私は，経済地理学の体系化に向けられた熱意に心から敬意を表したいし，その内容は現在からみても示唆に富む新鮮さに満ちている。一方で，地域問題や地域矛盾への問題意識が強すぎ，かえって経済地理学の対象領域を狭めてしまったのではないかと残念に思うことも事実である。

上野の著作を読むとき，私はしばしば，以下のプロローグから始まる宮崎駿の物語を思い浮かべる。

ユーラシア大陸の西のはずれに発生した産業文明は数百年のうちに全世界に広まり巨大産業社会を形成するに至った。大地の富をうばいとり大気をけがし，生命体をも意のままに造り変える巨大産業文明は1000年後に絶頂期に達しやがて急激な衰退をむかえることになった。「火の7日間」と呼ばれる戦争によって都市群は有毒物質をまき散らして崩壊し，複雑高度化した技術体系は失われ地表のほとんどは不毛の地と化したのである。その後産業文明は再建されることなく永いたそがれの時代を人類は生きることになった（宮崎1983：表紙裏）。

この物語において，主人公ナウシカは，「地域的人間集団」とともに，「幻想的な対象性に転化していく環境に対して」主体的・能動的に「実践活動」を行っていく。人間の歴史，資本主義の歴史は，予定調和的な進歩や発展を意味するものでは決してなく，数限りない地域問題や地域矛盾をもたらしてきた。その負の側面が消え去ることはこれからもないし，起きてしまった悲劇はなかったことにはできない。しかし，そうした暗部にばかり注目すると，本来問題や矛盾，実践といった概念には解消できない多様で豊かな「地理」の展開が，視野の外にはみ出てしまうのでは

ないだろうか。上野（2004）などを読むと決してそうではないことが分かるのであるが，硬質な理論書である『道標』や『原点』では，実在の私たちの生きる世界がもっている多様な側面のうち，環境から疎外された部分ばかりが強調されすぎており，そのことが潜在的な理解者を減らしてしまったのではないかと残念に感じるのである。

(4) 川島哲郎の経済地理学

　上野登と同様，川島哲郎もまた，偶然の成り行きから経済地理学にたずさわる運命となった。経済学部を卒業後，軍隊に取られ，戦後再び大学に戻ったところ，担当者のいない経済地理学を割り当てられたのである。そして上野と同じく，史的唯物論を基盤として思惟を重ねていったのだが，行きついた先は，かなり異なっているとも，かなり重なっているともいえる。

　川島は，交互作用論のところで登場したウィットフォーゲルによる自然的生産諸力概念の批判的検討から，経済地理学のアカデミックな活動を開始した（川島1952）。ウィットフォーゲルは，四大文明において大河川の流域における大規模灌漑事業が官僚制による中央集権国家を産み出したとする水力社会論や，その一類型である中国の王朝を東洋的専制主義と位置付けたことで知られる。ウィットフォーゲルは，石炭，蒸気，金属，電気といった，技術すなわち社会的生産諸力の媒介がなければ利用できないものまでも，自然的生産諸力の範疇に含めていた。生産諸力が発展すればするほど，人間社会は資源やエネルギーにますます依存していくから，これらを自然の範疇に含めるウィットフォーゲルの理屈で行くと，生産諸力の発展によって人間はますます自然に制約されるという詭弁的結論——しかし，最近の自然災害や原発事故から振り返ると簡単に詭弁と切って捨てられない——が導かれる。これに対して，川島は自然的生産諸力を「統御しえざるもの」，社会的生産諸力を「統御しうるもの」とし，後者の発展によって前者の領域が狭められるとする。すなわち，「自然的労働対象であれ，自然的労働手段であれ，総じて自然的生産諸力は，社会的生産の進展とともに，不断に生産過程内部における主導的な地位か

ら追われて，ますますみすぼらしい役割を振当てられて行く（川島1952：88）」と断じたのである。

　自然環境決定論を否定し，社会的生産諸力の発展，資本主義の発展を，経済地理を産み出す主役とする川島の見方は，経済地誌学派と共通している。自身の経済地理学方法論を世に問うた川島（1956：15）では，「経済地域性を形成するものが，経済の発展それ自身であり，したがって経済地域性がそれぞれの段階における経済の不均等発展の空間的表現に他ならない」と表現されている。『経済学辞典』に出てきた，「経済の空間的投影」とは，やはり資本主義の歴史的発展過程が空間に投影されているという川島の認識を示しているとみてよいようだ。ただ，プロジェクターとスクリーンの関係という比喩は，適切ではなかった。なぜなら，「もっぱら資本主義生産様式展開の結果であるが，同時にそれがまた資本主義生産にとっての前提であるという点に，この社会の経済地域性の宿命が横たわる（川島1956：14）」とあるからである。さっきの比喩を流用するならば，スクリーンに映し出された経済地域性と資本主義生産様式というプロジェクターとの間にフィードバックが存在していると川島は考えている。経済地理は資本主義生産様式展開の結果ではなく，原因でもあるわけだから，経済地理は原因かつ結果と理解すべきことになる。こうしたフィードバックを認めているからこそ，川島（1992：328）は「空間的投影の分析をつうじて，発展の各段階，発展の各コースに固有な空間的展開の論理を明らかにし，経済発展の法則それじたいの具体化と精緻化に寄与することが可能である」と言い切ることができたのだと納得する。

　自然環境決定論と決別し，史的唯物論に立脚して資本主義の発展が経済地理を創り出していくメカニズムを明らかにしようという川島の問題意識は，上野とそう遠くない。しかし，経済地理そのものである地域差や地域性に対する態度は大きく異なる。上野の著作を読むと，登山や旅を愛した彼が，風土に根差した生活様式の多様性をかけがえのない大切なものと考えていたことがよく伝わってくる。だからこそ，資本主義の発展によってそれがむしばまれるのを見過ごせず，それが地域問題や地域矛盾への過度の傾斜をもたらしたと解釈してもいいだろう。これに対

して川島は，「地域性の克服こそ，階級の止揚とともに，人類が達成しなければならない，そしてまた達成しうる二大目標である(川島1956：17)」とまで述べるのである。川島のいう地域性の克服とは，具体的には産業構造を平準化させ，さらには人口の再配分を行うことによって地域間の経済格差を解消すること(川島1978)である。つまり川島は，地域性を所得の地域間格差といった経済量の多寡としか結び付けておらず，質的な豊饒性や多様性の尊重といった視点は見受けられない。経済地理学を経済学の一分野と断じてはばからなかった川島らしいといえるかもしれない。

　地域性の克服を達成しうる／すべき目標としていることに垣間見えるように，川島には社会の発展によって「統御しえざるもの」が減少していくことに対する信頼や期待がある。経済地理学会第25回(1978年度)の討論における川島の発言を引用しよう。

　　経済地理学に公害問題がまったく関係ないとは申しませんが，……いったい公害問題を扱うことが，何故に経済地理学を扱うことになるのか，……公害問題というのは社会的費用という問題から出てくるわけですが，かりに公害問題を徹底的にやりまして，企業に社会的費用を分担させて，公害問題が消えてなくなったとした場合に，地域問題というのはなくなるのかという問題です。……田舎の人たちが，公害を回避せずに企業を誘致しようとするのは，就業機会を得たいという切実な問題があると思うんです。雇用問題というのは，少なくても公害問題よりもはるかに重要な問題であろうと考えるわけです(経済地理学会1978：67-68)。

　ここでいう地域問題は，克服すべき地域性つまり地域間の経済格差のことだろう。川島は，罰則や税制といったテクノクラティックな手段によって公害発生が割に合わなくなれば，公害は消えてなくなると考えている。今となってはあまりに楽観的であるといわざるを得ない。公害に限らず，雇用問題といった地域的不均等発展の問題についても，政策による解決，より具体的には，中央政府による地域政策による地域間の平

等と均衡の達成が必要であると川島は考えている。上野の問題意識の立て方が理論と実践であるとすれば，川島の場合は，理論と政策という思考回路なのである。

3　国民経済の地域構造論

(1) 4つの領域

　最近ではあまり顧みられることのなくなった上野登と川島哲郎の経済地理学を少し丁寧に読み直してみた。それによって「経済地理学とは何か」という根源的問いの答えに近づいたとはお世辞にも言えない。しかし，それが地理学か経済学かは置いておくとして，日本の経済地理学が主に参照してきた経済学は，史的唯物論によって立つマルクス経済学であり，主流派経済学が主流でなかったことはわかる。そして，自然環境との関係ではなく，資本主義の発展に伴って経済地理が姿を変えていく論理をとらえようとしてきたことも分かった。こうした流れを引き継いで矢田俊文が提唱した「国民経済の地域構造論」(以下，地域構造論)は，1980年代から2000年代初頭までの日本の経済地理学の主流をなした。

　飯塚，鴨澤，上野を「経済地誌学派」と一括したのは矢田であった。矢田は経済地誌学派，特に上野の功績を評価しつつも，法則定立的科学と個性記述的科学を機械的に対置させ，経済地理学の安住の地を後者——記述それ自体に意味を見出す地誌——に求めた飯塚の姿勢を抜け出ていないと批判した。特に矢田が鋭い批判の矛先を向けたのは，本稿では割愛した鴨澤である。鴨澤は，「資本主義が合理的に立地を決定すること，つまり資本主義の合理性を主張することになり，資本主義の競争性，無政府性をかくすことになる(鴨澤1960：74)」として，経済地理学者が立地論に学ぶことに対して否定的であった。これに対して矢田は，「個々の企業が最大限の技術と頭脳を駆使して計画的かつ合理的に立地選択をおこなっているにもかかわらず，全体としては無政府的な立地を示さざるをえず(矢田2015：382)」[10]その矛盾が様々な問題を引き起こしているという現実に挑むためにも，経済合理性を貫徹させようとする営利企業の立地

の論理を内在的に理解する必要があると主張した。

　一方で，川島に対しては，部分的な批判を交えながらも「経済地理学の対象を経済の地域的展開ないし経済地域性形成の解明におくことによって，法則定立と実証分析とを統一した視角を主張した（矢田2015：36）」と高い評価を与えている。矢田は，さらにソビエト連邦の生産配置論や地方財政学における地域的不均等発展論についても批判的に検討したうえで，経済地理学の対象は「国民経済の地域構造」であると規定したのである。国民経済の地域構造とは，「一国の国土を基盤にして，長い歴史的経過をへて形成された国民経済の地域的分業体系（矢田2015：231）」のことである。

　地域構造論は，産業配置論，地域経済論，国土利用論，地域政策論という，相互に関連した4つの領域からなる体系的な研究プランである[11]。なかでも産業配置論は，国民経済の地域構造の骨格をなす産業配置の解明を担当する部門であり，研究プランにおいて最も重要な位置を占める。産業配置の全体像を把握するためには，まず個別の生産過程の配置を，生産現場（工場など），労働者の居住地，中枢管理機能（本社など）の「立地」と，原材料，半製品，労働力，所得・資金の「地域的循環」とを統一的な視点で認識する必要がある，と矢田はいう。それを踏まえて，産業を単位として生産過程の配置を考えれば，その総体として国民経済における産業配置の全体像が見えてくるはずであるが，個別の経営体や個別産業は相互に複雑な取引関係や産業連関を持っているため，単に足し合わせただけでは全体像は得られない。そこで矢田は，歴史的に先行する産業配置を与件とすることと，リーディングインダストリーの配置を起点として産業配置の全体像に迫ることを提案する。そして，重化学工業の独占資本が集積する太平洋ベルト地帯を背骨とする生産・流通・輸送部門の配置と，国家機構や独占資本の頭脳というべき中枢管理機能の拠点である首都を頂点とした都市のネットワークを，産業配置の基本構造とみなす。産業配置論といっても，工場といった生産現場の「立地」だけではなく，それをめぐる生産要素の「地域的循環」も視野に収めていることをもう一度確認しておきたい。

産業配置は，概念的には等質地域と機能地域という2つの異なる地域を作り上げる。産業分類をどうとるかという厄介な問題を当面おいておけば，同じ産業は一定の空間的範囲にまとまってみられるだろう。だから，産業配置がカバーする立地と地域的循環のうち，立地に注目すると，等質地域としての産業地域が見出される。産業配置は，原材料や製品などの素材，所得や資金などの価値，そして労働力の地域的循環を発生させる。こうした地域的循環によって見出されるのが，機能地域としての経済圏であり，それは首都・東京を頂点とする重層的な関係に組み込まれている。矢田は，産業地域と経済圏がぴたりと一体になった総合的な地域を，厳密な意味での経済地域と呼ぶ。

　国民経済の主たる部分が地域住民を市場とする地域産業である段階ならば，産業地域と経済圏はほぼぴたりと整合し，厳密な意味での経済地域が存在するだろう。しかし，独占資本が支配する重化学工業が産業の骨格をなす現段階——矢田が地域構造論を練りあげていた1970〜80年代——において，矢田は最も広くとった場合の産業地域を，巨大工業地帯である太平洋ベルト地帯，中枢管理機能と第三次産業の集中する三大工業地帯，それ以外の農林漁業地帯に大別できるといっている。これでは産業地域と経済圏が乖離することは避けられない。このように，産業配置によって，立地に基づく産業地域と地域的循環に基づく経済圏という別種の地域がたちあらわれてくる論理と，2つの地域の不整合が引き起こす様々な矛盾や問題を明らかにするのが，地域経済論の任務である。

　国土利用論は，自然と人間との関係という地理学が伝統的に追い求めてきたテーマ，川島による自然的生産諸力に関する考察，そして矢田が地域構造論を提唱する以前に探求してきた資源論[12]を引き継いだ領域である。土地利用や資源利用など，産業配置とそれに基づく経済地域の形成の舞台となる国土の利用のあり方を検討するのであるが，検討の対象は国土利用の積極的側面にとどまらない。石炭産業を対象として矢田が手掛けてきた資源の開発と放棄をめぐる諸問題や，不適切な国土利用が引き起こす災害，自然と人間との物質循環の不全としての公害といった国土利用の負の側面も，この分野の守備範囲である。国土利用の明暗両

面は，究極的には人間の生存が自然に依存し，そのための経済活動が土地に固着して行われていることから，地域によって異なった現れ方をする。このことから，国土利用論もまた，産業配置論から派生してくる領域なのである。

地域政策論は，国土利用の負の側面をどのように是正し，資本主義の発展が引き起こす地域的諸問題をどのように解消していくかについて構想する部門である。具体的には，産業部門間の成長性の違いによる産業地域間の格差や，国家機構や独占資本の主導の下に編成される経済圏が労働者の生活の要求にそぐわないこと，そしてすでに述べた産業地域と経済圏の不整合などについて，その解決に向けた地域政策のあり方を検討する。そうした意味での地域政策は，理念としての「あるべき地域構造」を要請する。「あるべき地域構造」の実現について，矢田は農林漁業・鉱業の復興による自律的な再生産構造の確立，産業地域と経済圏の乖離の解消，国家機構や独占資本の分権化，労働者の生活圏の整備，国土の適切な利用，住民運動や革新運動との結合の必要性を挙げているが，残念ながら具体的ではなく現実性を帯びているともいいがたい。

（2）地域構造論における地域

地域構造論における地域のとらえ方は，経済地誌学派とは全く異なる。国民経済が成立するのは，産業革命を経て資本主義が全面展開するとともに，国民国家が国土空間に経済を領域化することによってである。そして，国土空間内に具体的に表れる経済の地域的分業体系が，国民経済の地域構造である。したがって地域構造論の時間的射程は，基本的に資本主義が成立して以降に限られる。

矢田によれば，「国民経済が確立して以来，基本的には国民経済が一つの『有機体』をなしているのであって，いかなる意味でも国民経済とアナロジカルな『地域』なるものは存立しえない（矢田2015：59）」のであるから「国民経済を一つの空間システム＝地域構造としてとらえ，その『一切片』として地域経済を位置付ける（矢田2015：273）」ことになる。地域構造論の考える経済地理学の対象は，国民経済の地域構造という全体である。そ

の「一切片」にすぎない地域経済とそれに対応する経済地域は，国民経済と同程度の完結性を持ちえない，と矢田は言っているのである。地域構造論における経済地域は，産業配置すなわち生産過程の立地（産業地域）と，モノやカネ，ヒト（労働力）さらには情報などの循環（経済圏）の重ね合わせとして認識されるものであるから，産業配置に先立つ経済地域は，論理的にいって存在しない。経済地誌学派の目に映る「郷土」だとか「風土」といったものは，「国民経済内部の地域経済なるものは産業配置の従属変数とみることができる（矢田2015：243）」とする地域構造論にとっては，せいぜい前近代の残影でしかない。

　ここから引き出される矢田の地域的不均等・不平等・格差に対する認識には，見落とせないものがある。島恭彦や宮本憲一のように，高度成長期の地方財政学者の一部は，地域構造論と共通した問題意識から地域的不均等発展という現実に向き合い，住民の生活に密着した市町村——財政の最小単位でもある——を基盤とする地域経済の活性化と社会資本整備の必要性を論じていた。これに対して矢田は，彼ら「自治体経済論者」には立地論的視点が欠落しているために資本の空間的運動を把握することができず，結果として表れる地域的不均等性を計測することに終始していたと批判する。さらには，地域的不均等性を問題視すること自体がナンセンスであるとするのである。

　　国民経済が社会的分業によって成立し，その地域的反映としての地域分業の存在を是認する以上，鉱・工・農業生産，交通分布における地域的不均等性はきわめて当然のことである。また，中枢管理・金融・国家機構，およびその機能が存在する以上，所得・資金の地域的不均等性がみられることも，それ自体に問題があるわけではない。一つの「有機体」たる国民経済を任意に地域区分して，任意の諸指標によって，その不均等性を問題にすることは，あたかも人体を頭・胴・手・足などに区分して，骨格・筋肉・血液・神経の分布の不均等性を論じることと同様，それ自体意味のあることとは思われない（矢田2015：59）。

財政の単位である自治体を基盤として考えることに対しても、「都道府県や市町村を、単なる検証の手段ではなく、明確に『地域』の単位としてとらえ、経済諸指標の不均等性を云々するならば、論理必然的に地方自治体単位に諸部門・諸機能をそろえた『自立経済』を要求することになる。これは、地域的分業を否定したアナクロニズムといっても過言ではないであろう(矢田2015：59)」と論難する。考えてみれば地域的不均等性とは、社会的分業の空間的表現であり、営利企業や国家機構の合理的な選択の結果である国民経済の地域構造を、「問題性」という観点から言い換えたものである。地域的不均等性を問題にすることは、分業によって立つ資本主義を否定する時代錯誤だと矢田は言うのである。こうした認識は、中央政府による国土政策は重視するのに対して、地域住民が主体的に行う地域おこしや内発的発展に対しては懐疑的という地域構造論者に共通する態度として表れてくる。事実、最近までは、まちづくりや地域づくりに関する研究は、経済地理学者の得意とするところではなかった。冷徹な資本の運動に対しては、「蟷螂の斧」でしかないというわけである。

　一方で、地域的不均等性それ自体に問題があるわけではないとするならば、ある程度の地域間格差の存在もまた、問題ではなくなる。そうなると、地域政策論の目指すべきところは、とりあえず目の前にある国民経済の地域構造、いいかえれば地域的不均等発展を是認したうえで、「あるべき地域構造」の実現を構想することになる。広井(2019：287)は、高度成長期を振り返り、「良くも悪くも『企業＝利潤極大化、政府＝再分配』という"役割分担"」がなされていたと総括した。つまり、企業が経済合理的に行動することにより、社会の富は極大化される。経済地理学的には、企業は立地論の説くような合理的な立地選択をし、その結果として国民経済の地域構造が成立する。経済原理にのっとった企業活動の結果、経済格差や社会問題、公害などの負の影響も発生するし、経済地理学的には地域的不均等発展が生じる。それに対しては、国家が事後的な政策的対応によってその解消を目指し、経済地理学はそれに資するべく、地域政策論を練り上げる。振り返ってみると、矢田の地域構造論は、「先成長、後分配」という高度成長期の価値観に立脚していたといえるだろう。

4 まとめ

　個人的体験を枕として，日本の経済地理学の歴史を簡単に述べてきたが，それでもずいぶんと長くなった。次章以降では，立地論の(批判的)検討に取り掛かるが，日本の経済地理学界において，なぜ，立地論が重視されてきたのかをあらかじめ提示しておこう。

　それは，地域構造論が経済地理学のスタンダードとして受容されてきたことに起因する。地域構造論は，社会的分業を反映した国民経済内部の地域的分業体系である「国民経済の地域構造」の把握を経済地理学の学問的任務と見定めた。個別の経営体は，歴史的に与えられた国土の中で経済合理性を基準として立地し，それが産業地域と経済圏という質的に異なる地域を成立させる。その総体が国民経済の地域構造であり，結果として生じる諸問題に対処するために，地域政策が実施される。つまり，資本主義経済下の国民国家において，国民経済の地域構造が成立する起点は，資本の運動法則，具体的には経営体の立地に求められるべきであり，それを演繹的・法則定立的に説明する理論として，立地論が要請されてきたのである。

　この演繹的・法則定立的理論と，目の前にある現実の経済が創り出す地理＝経済地理の関係こそ，本書の中心テーマになる。そのこととも関連する重要な問いかけをして，本章を閉じたい。

　経済地理学は地理学なのか経済学なのかという出発点に立ち戻ると，地域構造論もそれが重視する立地論も，「経済地理学は経済学の一分野」という立場であることは明らかである。ところで，ここで経済とは何かと改めて問われると，それが必ずしも明らかでないことにはたと気づく。地域構造論によれば，経済地理学の対象は国民経済の地域構造であるから，経済＝国民経済なのかといえば，そうとは限らない。地域経済論という分野もあるし，立地論が扱うのは，私的利益を求める経営体の私経済である。消費者の家計も経済である。ちょっと考えただけでも，経済の意味内容は多様であるから，当然，経済の作り出す地理＝経済地理にも様々な種類，さまざまな空間スケールがあるはずである。そのような

多様な経済とその地理は，産業立地を論理的な出発点とする枠組みでとらえることができるのだろうか。この問いを頭の片隅に置いておいてほしい。

1) 私が参照したのは第3版だが，初版は1965年に刊行されている。初版も確認してみたが，算用数字が漢数字になっているといった形式を別にすれば，内容は同じであった。

2) もっとも，経済地理学がつねに実存的不安を抱かざるを得ないのは，日本に限ったことではないようである。The Dictionary of Human Geographyの経済地理学の項には，次のように記されている。「経済地理学は，知的な意味で開かれており，懐疑的で，多元的で，ことによってはカオス的でアナーキーであり，一時の気の迷いや思いつきに流されがちな学問領域である。非定常的であることが常態であり，一貫して一貫性に欠いている（Barns, 2009：181）」。

3) 旧商業高等専門学校を起源とする大学の経済学部などでは，かつてこうした講義が開かれていたのを引き継いで，経済地理学者が在籍している場合がある。私が最初に職を得たのは，そうしたポストであった。

4) この考え方は，戦後の日本における立地論の教科書的扱い方―本書における批判の対象―とは一線を画しており，再検討に値する。しかし，今の私にはまだそれができていないため，参考文献として加藤（2011, 2012, 2013）を挙げておきたい。

5) 鴨澤（2003）を読むと，当時の状況を感じ取ることができる。

6) 飯塚（1975）から引用したが，初出は1944年で，戦後飯塚（1948）に収められた。

7) 史的唯物論とは，人類史の発展過程に客観的な法則が存在すると考える，マルクスが唱えた歴史観である。社会の発展は，生産力の発展によってもたらされ，生産力の段階に対応した特定の生産関係が取り結ばれる。生産力と生産関係との間に矛盾が生じると，階級闘争の結果新たな生産関係が生まれ，それが歴史を創り出していく。例えば産業革命以前の土地所有が生産力の基盤である段階においては，領主と農奴が基本的な生産関係（封建制）であるが，生産力が発展した資本主義段階では，資本家と労働者が基本的な生産関係となる。マルクスは，資本主義はそれ自身がはらむ矛盾から必然的に社会主義革命を引き起こし，やがては共産主義に移行すると考えたのである。

8) 私が参照しているのは，岩波文庫の『経済学批判』（マルクス1956）に付録として納められているものであり，『経済学批判序説』と題されている。

9) 上野は自らの研究人生を振り返り，「1968年は大きな転機であった。『道標』の出版を記念する会が吉村先生（筆者注：九州大学経済学部での恩師）の提唱で催された。その時，『上野は今後何をしようとしているのか』という問がだされた。私は『おそらく市民活動でしょう』と答えて帰宮した（上野2014：315）」と述べている。

10) 読者の利便性に配慮し，本稿では原典ではなく，なるべく矢田俊文著作集によって引用箇所を示す。

11) 以下の記述の詳細については，矢田（2015）のうち，とりわけ第一章と第四章を参照されたい。

12) 資源論は，経済地理学において独自の位置を占めてきた。古典も多いが，興味があれば中藤・松原編著（2012）を読んでみるとよい。資源論の中で，矢田が取り組んだのは石炭産業論である（矢田2014）。

［文献］

飯塚浩二（1948）：『地理学批判——地理学批判社会科学の一部門としての地理学』帝国書院。

飯塚浩二（1975）：『飯塚浩二著作集6　人文地理学説史，地理学批判他』平凡社。

上野登（1968）：『経済地理学への道標』大明堂。

上野登（1972）：『地誌学の原点』大明堂。

上野登（1975）：『現代人のための風土論』大明堂。

上野登（2004）：『再生・照葉樹林回廊（てるはコリドール）——森と人の共生の時代を先どる』鉱脈社。

上野登（2014）：「地理学の社会的課題を求めて」藤田佳久・阿部和俊編『日本の経済地理学50年』古今書院：309-317。

太田勇（1984）：「経済地理学会大会30年の回顧」経済地理学会編『経済地理学の成果と課題　第III集』大明堂：3-12。

奥野隆史（1997）：「経済地理学」山本正三ほか編『人文地理学辞典』朝倉書店。

春日茂男（1986）：『経済地理学の生成』地人書房。

加藤和暢（2011）：「黒生巌の地域の編成論——戦前期日本における経済地理学研究の到達点」『釧路公立大学紀要（人文・自然科学研究）』23：45-72。

加藤和暢（2012）：「黒生巌の地域的編成論（II）」『釧路公立大学紀要（人文・自然科学研究）』24：15-33。

加藤和暢（2013）：「黒生巌の地域的編成論（III）」『釧路公立大学紀要（人文・自然科学研究）』25：37-48。

鴨澤巌（1960）：『経済地理学ノート』法政大学出版局。

鴨澤巌（2003）：「学会を担う気でいて」経済地理学会学会誌編纂委員会（2003）：『経済地理学会50年史』経済地理学会：123-125。

川島哲郎（1952）：「自然的生産諸力について——ウィットフォーゲル批判によせて」『大阪市立大学経済学年報』2：59-114。

川島哲郎（1956）：「経済地域について——経済地理学の方法論的反省との関連において」『経済地理学年報』2：1-17。

川島哲郎（1978）：地域間の平等と均衡について。『経済学雑誌』79（1）：1-18。

川島哲郎（1986）：「経済地理学の課題と方法」川島哲郎編『経済地理学』朝倉書店：1-14。

川島哲郎（1992）：「経済地理学」大阪市立大学経済研究所編『経済学辞典』岩波書店：327-328。

木内信蔵（1968）：『地域概論』東京大学出版会。

経済地理学会（1978）：「経済地理学会第25回（1978年度）大会記事——経済地理学の方法論をめぐって，討論」『経済地理学年報』24（2）：49-75。

経済地理学会学会誌編纂委員会（2003）：『経済地理学会50年史』経済地理学会。

中藤康俊・松原　宏（2012）：『現代日本の資源問題』古今書院。

広井良典（2019）：『人口減少社会のデザイン』東洋経済新報社。

藤岡謙二郎・西村睦男・浮田典良編著(1957)：『新訂　地誌概論——日本・世界』大明堂。

マルクス, K. 著，武田隆夫・遠藤湘吉・大内力・加藤俊彦訳(1956)：『経済学批判』岩波書店。

宮崎駿(1983)：『風の谷のナウシカ　1』徳間書店。

矢田俊文(2013)：「経済地理学」人文地理学会編『人文地理学事典』丸善：240-243。

矢田俊文(2014)：『矢田俊文著作集第一巻　石炭産業論』原書房。

矢田俊文(2015)：『矢田俊文著作集第二巻　地域構造論(上)理論編』原書房。

Barns, T. (2009)：Economic Geography. Gregory, D., Johnston, R., Pratt, G., Watts, M. J. and Whatmore, S. eds. *The dictionary of human geography, 5ᵗʰ edition*. Chichester: Wiley-Blackwell, 178-181.

第 2 章

立地論の導入

──演繹的に考えるということ

1　はじめに

　タイトルの通り，本章から立地論の世界に分け入っていく。その前に，前章のおさらいをして，本章との関連性を示しておきたい。まず確認したのは，経済地理学には明確な定義がないということである。複数の辞書を紐解いて「経済地理学」という項目を読み込んでいくと，そもそも経済地理学が地理学の一分野なのか，経済学の一分野なのか，はたまた2つの学際領域なのかすら，一致を見ていなかった。そこで，戦後の経済地理学の系譜をたどっていくと，経済地理学会設立期の経済地理学者が，自然環境の影響を過大に評価し事項を羅列するような伝統的な人文地理学や地誌を克服しようと奮闘していたことが分かってきた。こうした動きは，当時の若き経済地理学者たちを，必然的に経済学としての経済地理学，それもマルクス経済学に根差した経済地理学に駆り立てていくことになった。

　このような潮流の中で成立し，1980年代から2000年代にかけて，日本の経済地理学のスタンダードといえる地位を勝ち取ったのが，矢田俊文が確立した「国民経済の地域構造論（地域構造論）」であった。そこでは，経済地理学の目的を，国土を基盤にして，長い歴史的経過をへて形成された国民経済の地域的分業体系であるところの「国民経済の地域構造」の解明に置いた。地域構造論は，産業配置論，地域経済論，国土利用論，地域政策論の4つの領域からなるが，その論理的な出発点は産業配置論にある。ものすごく単純化すると，産業配置によって地域経済が成立し，

国土利用がなされ，発生することが避けられない地域問題に対処するための地域政策が必要となる，といった流れである。立地論は，産業配置を法則的に把握するための基礎理論とされたため，経済地理学の学習において立地論が重視されることになったのである。

　ただし，これはあくまでも戦後の日本というガラパゴス的文脈における立地論の位置づけに過ぎない。世界的にみると，これとはずいぶん異なる文脈の中で，立地論が評価されてきた。本章では，より長い時間軸で，経済地理学を含めた地理学の歴史を見渡し，どのようにして立地論が重視されるに至ったのかを解説することから始めたい。次の節に書いてある内容は，私が大学生のころ学んだ代表的な人文地理学の教科書(杉浦1989や坂本・浜谷編1985など)の導入部分とほぼ一致する。つまり，一定年齢以上の地理学者の共通認識あるいは原風景といえる内容である。

2　地理学の歴史

(1) 近代以前

　英語でいえば地理学はGeographyであり，その語源は，古代ギリシア語のGeographiaにまでさかのぼる。-logyつまり学問という語尾をつけると地(質)学になることからわかるように，Geoは大地を意味する。-graphyは描くことを意味し，Photonつまり光で描くのはPhotography(写真)である。ここからわかる通り，Geographyのもともとの意味は，大地あるいは場所について記述する学問である。

　昔話は「むかしむかし，あるところに」という決まり文句から始まる。このことは，人間が「いま・ここ」から「遠い」物事について知りたいという好奇心を，生まれながらにして持っていることを示唆している。地理学は，歴史学とともに，人間の好奇心が生み出した最も古い学問であるといってよい。いま・ここを貫き，過去から未来に延びる時間軸と，いま・ここから水平に広がる平面(空間)を描いてみよう(**図2-1**)。時間軸にそって遠く後ろを振り返るのが「むかしむかし」を知ろうとする歴史学であり，平面に沿って遠く「あるところに」何があるかを訪ねるのが地理学

　　　　　　　　　　立地論の導入——演繹的に考えるということ

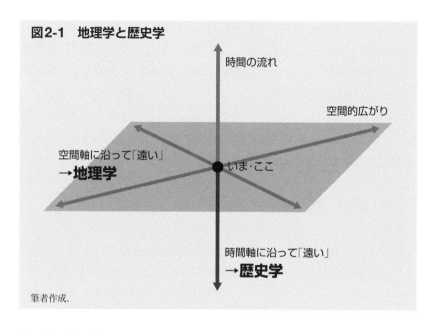

図2-1　地理学と歴史学

時間の流れ

空間的広がり

空間軸に沿って「遠い」
→地理学

いま・ここ

時間軸に沿って「遠い」
→歴史学

筆者作成.

ということになる。

　このように，「遠さ」を希求するという意味において，地理学は歴史学と共通している。したがって2つの学問は，はじめからはっきり分かれていたわけではない。奈良時代の日本で成立した風土記は地誌の書であると同時に地域史の書でもある。有名なヘロドトスの『歴史』も，地理的な情報にあふれている。

　大航海時代は，「地理的発見の時代」ともいわれるように，「場所を記述する」式の地理学の黄金期であった。ポストコロニアルの観点からは，あくまでも「ヨーロッパ人にとって」であったことを意識しなければならないが，「知られざる大地（Terra Incognita）」が発見され記述されて，地理的知識が蓄積されていったことは事実である。続く植民地支配の時代にも，アジアやアフリカに関する多くの地誌が書かれた。本筋からずれるが，地理学が植民地支配と密接に関係していることは，学会の起こりからも分かる。イギリスでは，1830年にRoyal Geographical Society（王立地理学協会）が設立され，植民地の調査や探検を行ってきた。日本でもイギリスの王立地理学協会に範をとり，学術面よりもむしろ国益を意識して1879年

に東京地学協会(Tokyo Geographical Society)が設立されている[1]。

(2) 記述の学としての地理学

　地理学は，人間の好奇心とその時々の体制の要請にこたえる格好で場所を記述し，地理的知識を蓄積してきた。しかし，学問として確固とした地位を得るためには，その学問が追求する対象や知識，真理がどのようなものであり，どうしたらそれらを得ることが出来るのかをはっきりとさせなければならない。このような問いは，認識論と呼ばれる。

　ケーニヒスベルク大学で「自然地理学」を講じていた高名な哲学者，カント(1724〜1804)は，経験に先立って人間にあらかじめ備わった認識として，時間と空間，そしてカテゴリー(概念)があるとした。時間と空間は感性による直感的な認識であるのに対し，カテゴリーは悟性すなわち知性による思考の枠組みである。そして，理性の力によって概念と概念を結びつけることにより，理論や法則が得られるのだという。こうしてみると，時間や空間に対する好奇心，いいかえれば「むかしむかし，あるところに」対する好奇心というのは，やはり概念的思考よりも前に位置しているようである。

　19世紀後半から20世紀前半の新カント学派は，カントの認識論を科学哲学に発展させた。ヴィンデルバント(1848〜1915)は，自然現象は普遍的な法則を内包しているので法則定立的であるのに対し，人文・社会現象は本質的に歴史な一回性に特徴づけられているため，個性記述的になるとした。リッケルト(1863〜1936)は，現実的なものはすべて連続性をもっているが，同時に異質性も持っており，本質的に異質的連続であるとした。これを同質的連続と異質的不連続とに概念的に分離し，同質的連続を扱うのが自然科学，異質的不連続を扱うのが文化科学であるとした。ヴィンデルバントの二分法に当てはめると，地球上に1つとして同じ場所がないことからして，地理学は個性記述的と判断できる。リッケルトの流れで考えても，時間軸に沿った異質的不連続を歴史学が扱うとすれば，空間軸に沿った異質的不連続を扱うのは地理学という理解に落ち着く。地理学者は，人間本来の好奇心あるいは権力の要請に基づいて，

「場所を記述する」営みを続けてきた[2]のであるが，図らずも新カント学派によって「科学哲学的に検討した結果，地理学は論理必然的に『場所を記述する』営みになる」とのお墨付きを与えられるに至った。こうして，地域の個性を記述する地誌が地理学の中で特権的な地位を占めることになったのである。

(3) 例外主義批判

　1920年代に入ると，論理実証主義による諸科学統一の動きが沸き起こってくる。論理実証主義は，理論の検証可能性という基準によって，科学と非科学との間に一線を引いた。この基準に従えば，経験を超え出た世界を扱う学問である倫理学，神学，美学といったものは，検証可能ではないことから科学ではないとして退けられる。あいまいさを排除した命題を数学や論理学によって厳密に分析し，それが真か偽かを経験的に確かめることすなわち実証することこそ，そしてそれのみが，科学の名に値するというのである。こうした自然科学至上主義的な傾向は，相対性理論の提唱に代表されるような，当時の自然科学の発展を背景としている。

　論理実証主義の流れを受けて，社会科学においても，数学や論理学を用いた理論の構築とその経験的検証に向かう潮流が生まれてきた。その先端を走ったのが，経済学であった。経済学においては，1870年代に生み出された限界効用論によって微分法を経済分析に適用する可能性が広がっていたが，論理実証主義は経済学の数学化を決定的なものにした。

　しかし地理学においては，第二次世界大戦後もなお，新カント学派のお墨付きを文字どおり「墨守」し，自ら個性記述的科学をもって任じる傾向が強かった。このことを「例外主義」という言葉で厳しく批判したのが，シェーファー（Schaefer 1953）である。自然科学はもとより，社会科学の草木も論理実証主義へとなびいている中で，地理学においては歴史学と並んで「自分たちは例外だ」という考え方がはびこっていると批判したのである。地理学は，経験を超越した事象を扱う形而上学ではないので，科学か非科学かといえば明らかに科学である。しかし地球上に1つとして

同じところはないので，地理学は法則定立的ではない例外的な存在なのだ，と地理学者は言い訳する。これに対してシェーファーは，地理学は事象の空間的配列に関する法則の定立を目指す「空間の科学」を目指すべきであると主張した。シェーファーは，その先駆的研究としてドイツで独自の発展を遂げてきた経済立地論を挙げている。本書で学ぶことになるチューネンの農業立地論，ウェーバーの工業立地論，クリスタラーの中心地理論は，いずれもドイツ発祥の経済立地論に属する。

　坂本（1985：2）の言葉を借りれば，「シェーファーの論文は地誌的立場へのKOパンチとな」り，「地理学が科学であることを求めようとする以上，過去の状態を羅列する歴史主義や事実の記録集である地誌は，科学の名に値しないとして，優秀な研究者は振り向かなくなった」という。優秀な研究者が地誌を手掛けなくなったかどうかはともかく，シェーファーの「例外主義批判」を経た1960年頃から，広く人文地理学においても，数学的・統計学的手法を駆使して法則定立を目指す計量地理学が盛んになった。数学的・統計学的手法を使うためには，現象を計量可能な数量に還元する必要がある。事実を記載する方法が，言語による地誌的叙述から数字による計量へと変わったのである。このことから，今説明してきたような地理学における方法論的変化は「計量革命」と呼ばれる。そして，論理実証主義に基づく計量革命の過程で，上に挙げた経済立地論の先駆的研究は，地理学者によって再発見・再評価されていった。

　計量革命は欧米からかなり遅れて日本に波及した。石水・奥野（1975），鈴木（1975），奥野（1977）などの発行年から見て，その波の到達は1970年前後であろうか。1970年代には，石川義孝，杉浦芳夫，村山祐司といった計量地理学の泰斗が研究を発表し始める。1980年代の人文地理学の概説書では，計量地理学を含めた論理実証主義的な地理学のアプローチは「新しい地理学」と位置付けられ，立地論のエッセンスがそれなりの分量で紹介されるようになる。こうして立地論の知識は，地理学を学ぶ者にとっての基礎知識の地位を獲得した。

　こうした立地論受容の流れは，前章で紹介した「国民経済の地域構造論」が立地論を参照するまなざしとは全く系譜が違う。マルクス主義経

済地理学の潮流に位置する地域構造論は，資本の運動の具体的な現れで
ある産業立地こそが国民経済内部の地域的分業体系の骨格をなすもので
あるとし，立地論を産業立地の原理を知るための基礎理論と位置付けた。
これに対して，「新しい地理学」とセットで立地論が紹介される場合には，
マルクス主義のにおいは全く感じられず，国民経済内部の地域的分業体
系といった，個別の立地を超えた全体像は視野に入ってこない。この場
合の工業立地論の興味関心は，あくまでの現実の工業——正しくは工場
——の立地をどれだけ忠実に「模写」できるかに置かれ，それ以上でもそ
れ以下でもない。

　日本の経済地理学における立地論の受け止め方は，特殊日本的なガラ
パゴス状況であったと述べた。その意味は，世界的にみれば，経済地理
学における立地論の受容は，マルクス主義とは無関係——むしろアンチ
マルクス主義的——に，論理実証主義による人文地理学の方法論的再編
の過程でなされたということである。はっきりいって，立地論はマルク
ス経済学と整合的に結びつけられるものではない。したがって，個人的
には，日本の経済地理学がどのようにその不整合を処理してきたのか
——あるいは最終的に処理できたのか——を突き詰めて考えたいとは思
うが，それは本書の範囲を超えてしまうように思うので，このくらいに
しておこう[3]。

⑷ どのようにして法則を得るか

　法則とは，事象と事象との間に成立する(と考えられる)必然的・普遍的
関係のことである。仮に法則が得られれば，過去に起こったことの説明
と同じ手続きで，これから起こることの予測ができることになる。その
ため，計量革命の時期には，理論に即して予測可能なモデルを構築する
ことで，地域計画や都市計画に貢献できるという応用面での期待が大き
かった。

　問題は，そのような法則・モデルがどのようにしたら得られるかであ
る。繊維工業の立地を説明しようとする場合について考えてみよう[4]。だ
れでもいの一番に思いつくのは，「調査すること」であろう。複数の大手

繊維メーカーに関する資料を収集したり，インタビューをしたりして，それぞれの繊維メーカーが，なぜそこに工場を立地させたのかを明らかにしていく。あるいは，繊維工場の集積地がどのような経緯で発展してきたのかを調査してもよいだろう。いずれにしてもこれは，ひとつひとつの事象に対してそのつど個別的に説明を加え，たくさんの事例の積み重ねから規則な関係性——経験則といわれるようなもの——を見出そうとするやり方である。このような手続きによる推論を帰納法と呼ぶ。

　これに対して，繊維工業の原材料の性質や動力源，労働過程，製造後の製品の輸送などの前提から，論理的に繊維工業の立地をはじき出し，それを現実に当てはめて検証する方向性も考えられる。このように，一般的な仮定を出発点として論理的な思考を積み重ね，個別の事例を説明できるような法則の定立を目指す推論の形式を演繹と呼ぶ。これは，特定の場所に立地している繊維メーカーの工場といった，現実に観察される現象とは無関係なところから推論を始める点に特徴がある。

　最後は，観察された諸事象の集合から出発し，それらの事実についての最もありうる，あるいは最良の説明を推論する方法であり，仮説的推論と呼ばれる。アメリカ合衆国の繊維工業であれば，繊維工業がアパラチア山脈にそって立地していることから，アパラチア山脈を流れ下る水流を動力として繊維工業が発展してきた経緯があるのではないかと推論する，といった方向性になる。帰納法・演繹法のいずれを採用するにせよ，現実問題としてはこうした仮説的推論から研究をスタートさせることが多い。

　法則定立の方法の説明で，いきなり「推論」という言葉を使ったことにおやっと思ったかもしれない。推論という言葉は，いずれの方法でも，得られた「法則」が間違っている可能性が常にあることを意味している。帰納法の場合，反例が続々と発見される可能性がある。演繹法によっていくら理路整然とした法則が得られても，現実を説明できなければ意味がない。夜空の天体の動きは，天動説によってもほとんど説明できるが，仮説的推論として間違っていることは明らかである。こと人文・社会現象に関していえば，いつでも・どこでも100%成り立つ必然的・普遍的

な関係はありそうにないことは明らかであろう。そのため，得られた法則やモデルを現実に当てはめ（実証し），現実と食い違えば，それを修正して再び現実に適用するという手続きが繰り返される。

　しかし，実証が必要であることは自然科学でも全く同じである。多くの人は，素粒子論は純粋に理論的な学問だと思っているかもしれないが，例えば，さまざまな物理法則を組み合わせて「ニュートリノという素粒子が存在する」ことを信じるに足る証拠を示しただけでは，理論的には確立したものとはならない。ニュートリノを観測すること，つまり実証することが求められるのである。1987年，神岡鉱山の跡地に作られた施設「カミオカンデ」において，マゼラン星雲で起きた超新星爆発で生じたニュートリノを世界で始めた観測した。この実証という功績が，小柴昌俊のノーベル物理学賞受賞につながったのである。論理実証主義は，論理と実証がセットになって，はじめて現実的な意味を持つ。

　本書の目標——あるいは本書をもとに私がやっている講義の目標——は，結構つつましいものであり，社会科学としての経済地理学を学び，それが暗記物の「地理」とは違うことを実感してもらえればそれでいいと考えている。目の前に展開している経済地理——工場・店舗・オフィスが立地する，通勤や買物で人が移動する，仕事を求めて人が移動するといったこと——を単に記述するだけではなく，その現象の背後に働いているメカニズムやダイナミズムといった因果連関を明らかにすることが，社会科学としての経済地理学であると私は考えている。

　メカニズムやダイナミズムが法則的にとらえられるか否か，得られるとした場合，それはどのようにして得るのが正しくて，どの程度の必然性や普遍性を認めるべきなのかについては，論争が尽きないだろう。本書では，論理実証主義的で法則定立的な方向性を持った立地論を中心に学ぶ。立地論においては，高い必然性や普遍性を持った法則が演繹的に得られるとの立場に立っており，その点において近代経済学と立場を同じくする。つまり，立地論は，経済学としての経済地理学との立場に立つ。私は，そのような立場に賛同しているわけでは全くなく，個性記述的なアプローチが劣っているとも考えていない[5]。本書の眼目は，立地論

の基礎的な知識を一通り身に着けること——それも重要であるが——よりも，むしろ立地論が体現するような科学観の限界を認識してもらうことにある。副題を「批判的立地論入門」とした理由もそこにある。しかし，「批判的」とはいっても，立地論を全く意味のないものとして片づけることを目指しているわけではない。私にとってこの本を書く作業は，「私の経済地理学」がこれから歩むべき道を発見するためのきっかけになるだろう。批判は対象を否定したり非難したりすることを目的としてなされるのではない。既存のものを乗り越え，新しいものを作るために不可欠な手続きなのである。

3　演繹的モデルの導入

(1) 砂浜のアイスクリーム売り

　立地論では，必然性や普遍性を持った法則を演繹的に得ようとする，と言われても，具体的にイメージできないのが当然であろう。そこで，ホテリングのモデルを使って説明しよう。これは，しばしば立地論の手軽な紹介として使われるものであり，「砂浜のアイスクリーム売り」の名で通っている。

　夏の湘南のような砂浜を想像してほしい。海水浴客はてんでにパラソルやレジャーシートを広げ，立錐の余地がないほどまんべんなく浜辺に分布している。その浜辺には移動販売のアイスクリーム売りが2人おり，新規参入はない。2人が売っているアイスクリームには味の差も価格の差もなく，暑い盛りでもあるから，客は自分に近い方のアイスクリーム売りから買うとしよう。アイスクリーム売りはとくにコストや労力をかけることなく移動が可能で，売上の最大化を至上目的としている。それ以外の要素は一切考慮しない。このような仮定の下において，アイスクリーム売りはどのような位置を取るだろうか。

　これらの仮定は，より一般的に表現することもできる。長い砂浜は「直線市場」であり，海水浴客がまんべんなくいる状況は，「需要が均等に分布する」ことを意味する。アイスクリーム売りが2人で新規参入がない状

　　　　　　　　　　　　　　立地論の導入——演繹的に考えるということ

況は「複占」であり，アイスクリームに味や価格の差がないことは，「差別化されていない」と言い換えられる。客は近い方のアイスクリーム売りから買うという仮定は，「最近隣仮説」と呼ばれる。アイスクリーム売りは移動可能で，売上の最大化を目指すという状況は，アイスクリーム売りは経済合理的な行動をとる「経済人」——これについては次章で説明する——であると言い換えてよいだろう。それ以外の要素は一切考慮しないことも，「捨象」という言葉で表現できる。捨象とは，複雑な現実を考える場合，重要な要素を残してそれ以外を考察の対象から外すことである。

　2人のアイスクリーム売りの場所は，どこかに定まるか定まらないかの2つに1つである。仮に定まるとすると，均質な砂浜に2人のアイスクリーム売りがいることから，アイスクリーム売りの位置は図のa〜cのいずれかになると考えるのが自然だろう（**図2-2**）。「どれになるでしょうか?」というクイズを講義でいつもやるが，一番人気はbである。

　ところが事態はそうはならない（**図2-3**）。bの場合，白のアイスクリーム売りは，黒のアイスクリーム売りのぴったり右側に移動する。そうすると，砂浜の右側750mにいる海水浴客にとって，白のアイスクリーム売りが一番近くなるからである。これに対抗して，黒のアイスクリーム売りは白のぴったり右側に移動するだろう。これを繰り返すと，浜辺の真ん中に2人のアイスクリーム売りが集中し，背を向けて座る状況に至る。そしてそこからは動かない。これが立地均衡である。つまり，浜辺のアイスクリーム売りことホテリングのモデルは，需要が均等な直線市場で2つの企業が競い合う相互依存立地の世界では，集中が起こるという結論に至る。これは，ナッシュ均衡の一例である。

　しかし，砂浜のどれだけの部分を最近隣として独占するかに売上がかかっている状況なので，aだろうがbだろうが，極端な話cだろうが，アイスクリーム売りの売上は変わらないのである。しかし例えばaとbとでは，消費者からみると状況がまるっきり違う。aの場合，最も遠い海水浴客は500mも歩かなければアイスクリームが買えず，平均でも250mの移動を余儀なくされる。これに対してbであれば，最も遠い海水浴客でも250m歩けばよく，平均的な移動距離も半分で済む。アイスクリーム売り

図2-2　予想されるアイスクリーム売りの位置

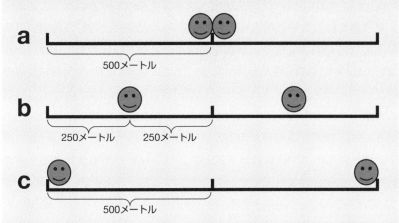

筆者作成.

図2-3　アイスクリーム売りの位置の変化

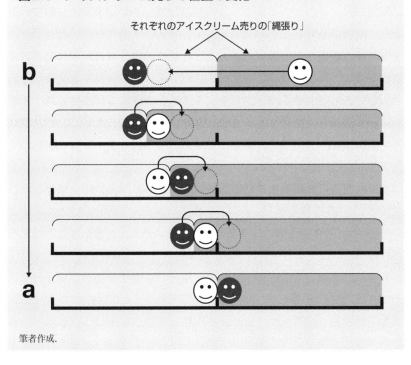

それぞれのアイスクリーム売りの「縄張り」

筆者作成.

　　　　　　　　　　　　　　　立地論の導入──演繹的に考えるということ

にとってはaでもbでも売り上げは変わらないのに，消費者からみれば圧倒的にbが望ましい。ところが，放っておくとaの状態に至ってしまう。

　概説書では，この結果が現実の問題に与える示唆として，自由競争に任せていると消費者の利益が損なわれることがあり，さらにはうまく政策的に誘導すれば企業の利益を損なわずに消費者の利益が高まる妥協点を見いだせる可能性もあるとしばしば述べられる（例えば川端2013）。浜辺のアイスクリーム売りは，現実を極端に単純化したものである。しかし，見る人の想像力次第では，現実の問題の解決につながるかもしれない示唆が得られる。この点には私も同意したいし，立地論を学ぶ一端もそこにあるだろう。

(2) 仮定を変えてみる

　しかし，健全な批判精神によってもう一歩踏み込んでみると，浜辺のアイスクリーム売りには隠れた仮定，それもあまり現実的とは思われない仮定が存在することに気づく。つまり，アイスクリーム売りが目の前にいる消費者と，500m歩かなければならない消費者が同じ確率でアイスクリームを買うという仮定である。夏の暑い砂浜で目の前にアイスクリーム売りがいれば衝動的に買ってしまうが，500m歩くなら我慢する人もいるであろう。そこで，アイスクリーム売りが遠くなるにつれて，だんだんと買う人の割合が下がっていき，500m離れたところでは，わざわざアイスクリームを買いに歩こうとは，もはや誰も思わないと仮定してみよう。

　アイスクリームの消費量が距離減衰するという，より現実的な仮定に変えると，結論は全く変わってくる。aの場合，距離0を最大として500mのところで売上が0になるから，2人のアイスクリーム売りの売上は，それぞれ三角形の面積になる（**図2-4**）。これに対してbの場合には，一番離れた消費者でも250mであるから，それぞれの売上は台形2つ分となる（**図2-5**）。どちらのアイスクリーム売りにとっても，売上はbの方が多い――bの面積の方が大きい――ので，結論はbに変わる。

　消費者の購買行動が距離減衰するという，より現実的と思われる仮定

図2-4　販売量が距離減衰する場合①

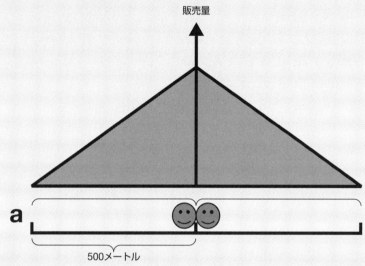

筆者作成.

図2-5　販売量が距離減衰する場合②

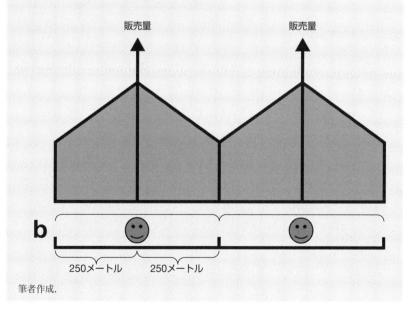

筆者作成.

を付け加えると，政策的介入といったデウス・エクス・マキナを持ち出すことなく，分散立地が最適であるという結論に達したことになる。しかも，分散立地は総需要の増大をもたらすという示唆も得られる。このように，捨象していた要素を付け加えれば，モデルは現実に近づいていくという科学観は，扱うモデルが砂浜のアイスクリーム売りよりはずっと複雑化した現在でも，広く共有されている。

　ところで，仮定を変えると結果が変わるのは，仮定を定めた時点で，結果がすべて決定しているという演繹的推論の性質による。これが厄介な問題を引き起こす。オリジナルのホテリングモデルでは，集中立地が均衡解であり，そこから「消費者の利益のためには政策的介入が必要である」という示唆が得られた。これに対して消費量の距離減衰を前提とした新しいモデルでは「消費者が合理的な選択をすれば，最適な状態がもたらされるので政策的介入は不要である」という示唆が得られる。前者は自由競争の弊害を憂うる立場に近く，後者は規制緩和を唱える新自由主義者に近い。演繹的推論においては，仮定を(恣意的に)操作することによって，特定の立場の人にとって好ましい結論を導くことが可能なのである。「この政策は，かくかくしかじかのアカデミックな理論の裏付けがあってやっています」と謳っている場合でも，実は順序が逆で，はじめに実施しようとする政策があり，それを裏付けるような理論を演繹的推論によって後付けで導き出すことも，論理的に可能であり，実際にも行われている。

(3) 実証することの難しさ

　仮定——あるいは立場を反映した仮定——によって結論が変わってしまうからこそ，演繹的モデルは実証によって，仮定の妥当性が常に問われなければならないのである。巷には，ホテリングの浜辺のアイスクリーム売りについて，その実証性を支持する言説がたくさんある。例えば，あるウェブサイトには「ホテリングモデルで見ると，コンビニが駅前や大学の前など人が集まるところに複数存在しているのは，ナッシュ均衡の状態であり，合理的に行動した結果だと説明できるわけだ」[6]とある。立

地論の教科書でも「砂浜を日本列島に置き換えてみると，2人のアイスクリーム売りの話は，国土空間における一極集中と多極分散の議論に発展していく（松原2002：68）」と述べられている。

　演繹的推論は，仮定がすべてであり，仮定が変われば結論は変わってしまう。ホテリングモデルは2者の相互依存立地であるという仮定をいじると，まったく状況は異なってくる。「需要が均等な直線市場で2つの企業が競い合う相互依存立地の世界」という仮定と，「集中」という結論は，必然的・普遍的な対応関係にある。駅前や大学前のコンビニといった時点で，需要が不均等な面的な市場で2者に限定されない競争が行われており，ホテリングモデルの仮定とはかけ離れている。ホテリングモデルは，個別経営主体の最適な行動を，特殊な場合において説明するミクロモデルである。これに対して国土空間における一極集中や多極分散についての分析は，マクロな分析視角を必要とする。

　郊外住宅地を貫くまっすぐな国道沿いにコンビニエンスストアが立地する場合のように，ホテリングモデルの仮定にもう少し近い状況であれば，実証は可能だろうか。この場合，対象となるコンビニエンスストアの数は3店舗以上になるだろう。実はその後の研究で，ホテリングモデルの2者という仮定を3者以上に増やすと，奇数の場合には安定的な均衡は存在せず，偶数の場合は2者ずつ分散して立地するのが均衡状態であることが明らかになっている。現実の国道沿いのコンビニを対象に，偶数（たとえば100店舗）なら分散立地で均衡するが，奇数（たとえば101店舗）なら均衡しないという結論が妥当かどうかを実証することに意味を見出す人は少ないだろう。

4　まとめ

　演繹的推論によるモデルや理論を実証することは，かなり難しい。演繹的推論においては，仮定がすべてを決定するが，そこには必ず捨象のプロセスが伴う。その過程で，現実のもつ複雑性はそぎ落とされ，仮定された状況はシンプルになる。論理に基づく理論構築から実証に向かう

手続きのうち，理論構築のプロセスはそれでいいとして，仮定された状況あるいは概念の対応物が現実に見いだせない限り，実証の手続きは進んでいかない。ホテリングモデルの場合，「需要が均等な直線市場で2つの企業が競い合う相互依存立地の世界」の対応物を現実の中に見出すことはほとんどできず，したがって実証の可能性は乏しいといわざるをえない。

　それでは，演繹的推論によるモデルや理論，あるいは論理実証主義的な社会科学に存在意義がないのか，といえば，私はそうとも思っていない。どういう存在意義があるのか，と聞かれると，それをコンパクトに言語化できる段階にはまだない。少なくとも，使用上の注意をよく守らないと，むしろ非科学的になってしまうことだけは確かである。

1） 皇室との縁には浅からぬものがある。東京地学協会の機関誌『地学雑誌』には，今上天皇が皇太子時代の論文が掲載されているし，秋篠宮文仁親王は，2013年に京都で行われた国際地理学会議と2019年に東京で行われた国際地図学会議の開会式で，それぞれ祝辞を述べている。

2） そうとばかりはいえない。被造物である自然を通して神の意志を知ろうとする神学的な関心も強かった。

3） おそらくそのためには，ミクロ経済地理学とマクロ経済地理学なるものを措定してそれぞれの問題意識と方法論を明らかにしたうえで，相互の関係を検討する必要がある。あわせて，マルクス主義，より正確には宇野理論の立場から，立地論を経済地理学の「原理論」に位置づけようとした山名（1972）の試みを，真剣に検討しなければならない。

4） 以下は，杉浦（1989：65）の地図を見ながら書いているので，できれば参照してほしい。

5） ただし，現実を羅列的に記述するのではなく，さまざまな個性を持った多様な場所が生み出されるメカニズムやダイナミズムをとらえようとする姿勢は必要であると考える。

6） http://gametheory.jp/page.php?id=96　2020年5月13日閲覧。

［文献］
石水照夫・奥野隆史（1973）：『計量地理学』共立出版。
奥野隆史（1977）：『計量地理学の基礎』大明堂。
川端基夫（2013）：『改訂版　立地ウォーズ——企業・地域の成長戦略と「場所のチカラ」』新評論。
坂本英夫（1985）：「戦後の地理学の動向」坂本英夫・浜谷正人編著『最近の地理学』大明堂：1-10。

坂本英夫・浜谷正人編著(1985)：『最近の地理学』大明堂。

鈴木富志郎(1975)：『計量地理学序説』地人書房。

杉浦芳夫(1989)：『立地と空間的行動』古今書院。

松原宏(2002)：『立地論入門』古今書院。

山名伸作(1972)：『経済地理学』同文館。

Schaefer, F. K. (1953)：Exceptionalism in geography, *Annals of the American Association of Geographers* 43: 226-249.

第3章

チューネンの農業立地論
——A=$\sqrt{ap}$への歩み

1 チューネン，その人，その時代

　本書では，いずれもドイツにおいて打ち立てられたチューネンの農業立地論，ウェーバーの工業立地論，クリスタラーの中心地理論を中心に学んでいく。彼ら立地論の「三巨頭」のなかでも，チューネンは別格といっていい。ウェーバーとクリスタラーは，いずれも農業立地論──労働者・都市住民の生存を支える食料生産の立地──の完成形がすでにチューネンによって与えられているという前提の下で，それぞれが自らの知的エネルギーを工業立地論──工業生産の立地──および中心地理論──流通・消費の立地──の確立に注ぎ込むことができた。それだけではない。ウェーバーとクリスタラーの研究は，チューネンが著作に表していた問題意識をそのままそっくり深めたものであるとすらいえるのである[1]。チューネンは，複雑な現実の特定の要素を他の要素とは独立した数量として抽象化し，微分法による限界分析を含む数学的手法を駆使して，都市からの距離によって最適な農業経営形態が変化することを演繹的に示した。その分析手法によって，チューネンは近代経済学の先駆者としても尊敬を集めている。

　ヨハン・ハインリッヒ・フォン・チューネンは，1783年に北海に近いオルデンブルクで農場主の子として生まれた[2]。幼くして父を亡くし，母の再婚先で育ち，長じては貴族の農場で下働きをするなど，若いころから苦労人だったようである。もともと学究肌の人物で，農業の理論的研究を究めようと1804年にゲッチンゲン大学に入学するのだが，わずか1

年で退学している。休暇旅行中に学友の妹と相思相愛の間柄になったからである。できるだけ早く彼女と一緒になりたいと考えたチューネンは，大学をやめ，父の農場も売却してメクレンブルクへ小作農として移住した。学問に対する姿勢を超えて，情熱あふれる人だったらしい。しかし，土地条件が悪かったうえ，ナポレオン軍との戦争による混乱など困難な時代背景もあって，またも苦労を重ねることになる。

　1810年にロストック郊外のテロー農場を購入したのが，チューネンにとっての転機となった。彼は模範的農業経営者として，経験に裏打ちされた農業経営理論を突き詰めていくことに心血を注いだ。いくつかの論文を発表した後，『農業と国民経済に関する孤立国』の第1部が出版されたのは，1826年のことである。「穀物価格・土地肥力および租税の農業に対して与える影響の研究」という副題をもつこの第1部が，チューネンの農業立地論として経済地理学の教科書で紹介されてきたものである。この本は大成功を収めたようで，1830年にはロストック大学哲学部が名誉博士号を授与している。『孤立国』第2部第1篇「自然労賃並びにその利率・地代との関係」が論文として刊行された1850年，チューネンはテロー農場にてその生涯を閉じた。多くの遺稿はよく整理されていたようで，『孤立国』第2部第2篇と第3部は，死後に刊行されている。現在，テロー農場はエコミュージアムとして遺されており，手ごろな価格で宿泊もできるようである。

　『孤立国』第1部は，テロー農場での綿密な収支計算の記録をもとに，農業的土地利用のあり方が都市との位置関係によって決定されるというチューネンの発想を，理論として体系化した歴史的名著である。チューネン自身の学問にかける情熱と能力があってこそ，このような著作が生まれ，そして読者に賞賛とともに受け入れられたに違いない。しかし，学問もまた，時代の子であり，時代背景が『孤立国』を求めていた側面もある。

　チューネンがテロー農場を手に入れ，『孤立国』の書きつつあった頃，プロイセンではナポレオンに敗北したことをきっかけとして様々な改革が進められた。その一環として農奴解放が行われ，農奴は領主に対する

封建的な隷属関係からは自由になった。これによって，ヨーロッパの典型的な農法であった三圃式農業は，存立の基盤であった領主と農奴という生産関係と封建的土地所有を失った。一方で，土地は少数の地主に集中する結果となり，地主は領主のくびきから自由になった農奴を農業労働者として雇用して農業経営に当たるようになった。封建制が崩れ，資本主義が確立してくる中で，工業のみならず農業においても，革新的技術に基づく合理的な経営が求められていた時代であった。

　18世紀のイングランドでは，休閑地を必要としないノーフォーク農法が普及し，囲い込みによって集約された農地で商業的農業が成立した（**図3-1**）。効率的な経営の結果，穀物価格が下落し，増加した人口が労働力として産業革命を支えたとされている。『孤立国』が書かれた当時，高名な農学者であったアルブレヒト・テーアは，資本主義的な大規模経営を前提とすれば，ノーフォーク農法と同様の休閑地を必要としない輪栽式農法が最も合理的な農法であるとして，ドイツ全国土にその普及に努めていた。チューネンはテーアを師として仰ぎ，たいへん尊敬もしていた。しかし，その学説に対しては「高度な農業組織，ことに輪栽式農業は穀草式および三圃式に比べ絶対的に優れているのか？（チューネン1989：305）」[3]という健全な批判精神からの疑問を抱いたのである。

　チューネンが信じていたのは，最適な農法が場所によって異なることである。しかし冷静に考えれば，地形，気候，降水量，土地の豊度（肥沃さ加減）といった自然条件も，交通路の整備状況や農産物の市場価格，農業労働者の労働費といった社会条件も，場所によって大きく異なるのだから，最適な農法が場所によって異なるのは，証明するほどのことでもない。チューネンが法則的定立的に証明したいのは，かりにそのような条件の差異が全くなかったとしても，都市からの距離に応じて農業生産物の価格が変化することによって，最適な農法が場所によって異なることである。彼は，大学の門をたたく以前，ハンブルグ郊外の研究所で農業を学んでいた頃，すでに『孤立国』につながるこの着想を得ていた。しかし，「実際には必ず土壌の差，その肥力の差，河川の影響等が加わって，われわれが都市からのいろいろな距離においてみる農業の中へ——経営

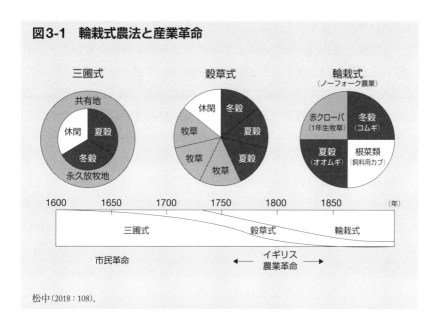

図3-1　輪栽式農法と産業革命

三圃式

共有地
休閑　　夏穀
冬穀
永久放牧地

穀草式

休閑　　冬穀
牧草　　　　夏穀
牧草　　　夏穀
牧草

輪栽式
（ノーフォーク農業）

赤クローバ　　冬穀
（1年生牧草）　（コムギ）
夏穀　　　　　根菜類
（オオムギ）　（飼料用カブ）

| 1600 | 1650 | 1700 | 1750 | 1800 | 1850 | (年) |

三圃式　　　　　　　穀草式　　　　輪栽式

市民革命　　　　　　　　　　イギリス
　　　　　　　　　　　　　　農業革命

松中（2018：108）.

の合理性を前提として――すべてこれらの諸要素の影響が結合して現れ
る（pp.307-308）」ため，「この場合を支配している法則は経験からは直接に
は引き出せない（p.307）」。そこでチューネンは，「すべての偶然的非本質
的なものから対象を引き離すことにのみ問題解決の希望（p.306）」を見出し，
抽象の力によって「孤立国」という架空の場所を想定し，「孤立化」を用い
た演繹的手続きで，自分の信念の正しさを示そうとしたのである。

2　チューネンの農業立地論

（1）仮定としての孤立国

　極端な話，『孤立国』第1部のエッセンスは初めの2ページに出尽くし
ている。演繹的理論なので，まずは仮定が提示される。その仮定から構
成される架空の場所こそが，「孤立国」である。すなわち，「1つの大都市
が豊沃な平野の中央にあると考える。平野には舟運をやるべき川も運河
もない。平野は全く同一の土壌よりなり，至るところ耕作に適している。
都市から最も遠く離れたところで平野は未耕の荒地に終わり，もってこ

の国は他の世界と全く分離する（p.9）」。「孤立国」であるこの国の経済は，アウタルキー（自給自足経済）が成立しており，都市とそれを取り巻く平野の間で完全な農工間分業がなされている。

　「上のような関係の下において農業はいかなる状態を示すか？農業が最も合理的に経営される時には，都市からの距離の遠近は農業に対していかなる影響を与えるか？（p.9）」とチューネンは問いかける。「上のような関係」とは，中心に市場という特異点が与えられた均質空間を想定することを意味する。均質空間では，土地の豊度といった一切の差異は捨象されているから，農業経営形態の配置の問題を考えるに当たって考慮されるのは都市からの距離だけである。加えて「農業が最も合理的に経営される時」とあるので，農業経営者は利潤の最大化を目指して経済合理的な作物選択をすると仮定される。しかし，それを実現するためには，費用とそれを構成する要素やそれぞれの作物の市場価格，輸送費など，利潤を左右するあらゆる情報を知悉していなければならない。このような仮定を完全情報といい，完全情報をもって経済合理性に基づく意思決定をする架空の主体のことを，経済人と呼ぶ。突き詰めて言えば，中央に市場がある均質空間と経済人を仮定した場合，農業経営形態の配置がどうなるかという問題を，演繹的に解こうとしているのである。

　チューネンは，すぐさま答えを出している。「都市の近傍では，価格に比して重量が大きく，または，かさばって都市への輸送費が莫大なために，遠方からは到底輸送できない生産物が栽培されねばならないことは一般的に明らかである。また，腐敗しやすいもの，新鮮なうちに消費せねばならないものも同じである。しかるに都市から遠くなるに伴い，土地は漸次に価格に比して運送費を要することの少ない作物の生産を示す（pp.9-10）」。これに続いて「この理由から，都市の周囲に，ある作物を主要生産物とするところの同心円がかなり明瞭に描かれる（p.9）」とあるのは，有名なチューネン圏（**図3-2**）[4] に対応する。ここではそれぞれの圏域の順序については立ち入らず，場所を問わず最も合理的であるというテーアの学説とは異なり，輪栽式農法が最も合理的となるのは都市近郊に限られることだけを確認しておこう。

図3-2　チューネン圏

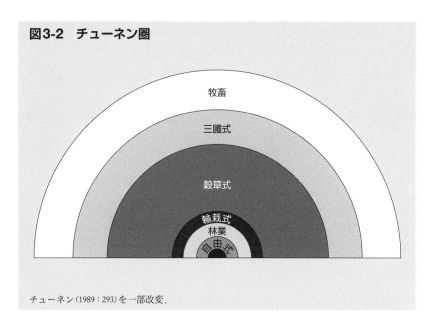

牧畜

三圃式

穀草式

輪栽式

林業

自由式

チューネン (1989：293) を一部改変.

(2) チューネン農業立地論の一般的説明

　問題はこのチューネン圏がどのようにして導き出されるのかである。均質空間からなる孤立国の中では，ある農産物1tを生産するのにかかる生産費 (種代，肥料代，労働費など) はどこでも一定である。また，孤立国の中では，市場価格や輸送費もまた，農産物ごとに一定である。この時の農業経営者の純利益＝粗収入 - 費用 (生産費，輸送費，etc.) を，ダン (1960) は次のように定式化した。

　$R = E(P - A) - E \cdot f \cdot d$

　ここで，

　R：単位面積当たり純収益 (円/ha)

　E：農産物の単位面積当たり収量 (t/ha)

　P：農産物の単位重量当たり市場価格 (円/t)

　A：農産物の単位重量当たり生産費 (円／t)

　f：農産物の単位重量・距離当たり輸送費 (円／t・km)

　d：市場からの距離 (km)

である。ここでE・f・dは，輸送費に相当する。

ある農業経営者が小麦を市場に出荷して生計を立てているとしよう。孤立国では小麦に関して

　　E：農産物の単位面積当たり収量は一定

　　P：農産物の単位重量当たり市場価格は一定

　　A：農産物の単位重量当たり生産費は一定

　　f：農産物の単位重量・距離当たり輸送費は一定

であるから，孤立国ではd，つまりは市場からの距離だけが，純利益R を左右する。

　たくさんの変数があるように見えて，変数は市場からの距離ただひとつに限定されている。これが，ウェーバー，クリスタラーはもとより，後の社会科学方法論に絶大な影響を与えた「孤立化」である。孤立化は，社会科学が複雑な現実に立ち向かうための重要な戦略である。チューネン自身の説明を聞こう。

　　1つの要素——市場距離——の作用が他の諸要素の作用と混ざらないようにし，それによって1つの認識をもたらすために，われわれは全部均一でかつ生産力の等しい土壌の平野の中にあって，舟運すべき河川のない大都市を仮定しなければならない。

　　この方法はわれわれが物理学ならびに農学において用いるものに似ている。すなわちわれわれは唯一つの探求しようとする要素のみを量的に増加し，それ以外の要素は不変にしておくのである (p.308)。

　孤立化とは，複雑な現実を少数の独立の要素に切り分け，特定の要素だけを変数として，それ以外は一定とすることである。まさしくこれは，主流派経済学の約束事「他の条件を一定とすると (ceteris paribus)」に通じており，チューネンが偉大な近代経済学の祖であることをいかんなく示す。孤立化は，要素還元主義という科学観に基づいているが，この点はウェーバー『工業立地論』との関係において，改めて批判的に検討したい。

　さて，輸送費E・f・dは市場から遠くなるにつれて増大するから，農業経営者が得る利益は，市場から遠くなるにつれて減少する。したがっ

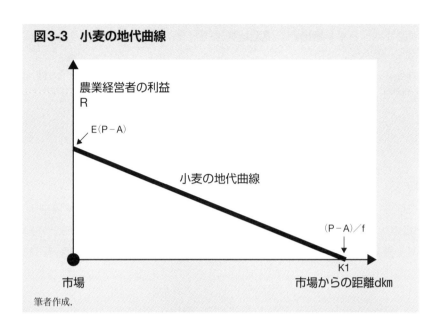

図3-3　小麦の地代曲線

農業経営者の利益
R

E(P−A)

小麦の地代曲線

(P−A)／f

K1

市場

市場からの距離dkm

筆者作成.

て市場からの距離を横軸に採り，農業経営者が得る利益を縦軸に採ると，両者の関係は右下がりの直線で表される（**図3-3**）。ここでは1次式だから直線になるが，一般的にはこれを地代曲線と呼ぶ。このとき，市場からK1kmの地点より遠くなると，輸送費によって農業経営者の利益が0となるため，もはや小麦は作られない。

　ここでもうひとつの作物としてトマトを考えよう。輸送費を考えなければ，トマトの方が儲かる作物だとする。しかし，トマトは鮮度が問われるため冷蔵が必要で，つぶれやすいから梱包も必要ということで，広い意味での輸送費は小麦よりも高くつくだろう。つまり，地代曲線の傾きは小麦よりも急になり，d＝K0において小麦の地代曲線とトマトの地代曲線は交わる（**図3-4**）。農業経営者は経済人であるから，トマトの利益が小麦を上回るK0よりも内側ではトマトを作り，K0より外側では小麦を作付けするだろう。作物を増やし，このプロセスを繰り返すと，市場を中心とする同心円状の農業経営形態のパターンが出現する（**図3-5**）。以上がチューネン圏の成立する仕組みの説明である。

　農業経営者は経済人であるから，孤立国ではそれぞれの地点において

　　　　　　　　　　　　　　チューネンの農業立地論——A＝√apへの歩み

図3-4 トマト栽培と小麦栽培の地帯分化

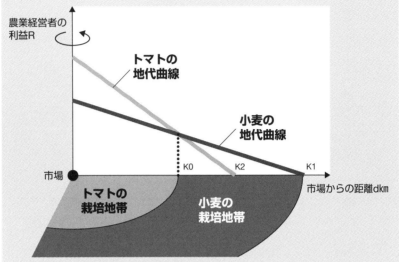

筆者作成.

図3-5 同心円構造の成立

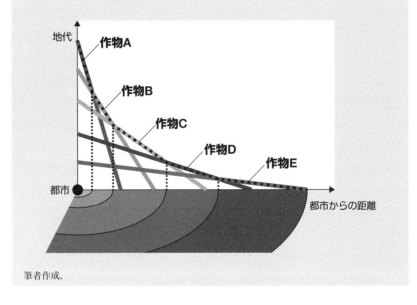

筆者作成.

地代曲線が一番上に来ている農業経営形態が実現するはずである。地代曲線のうち一番上の部分をつないだ曲線は，都市からの距離のみが問題になっている場合，最も合理的に農業が行われた場合にその土地から得られる利益，つまりはその土地の価値を表す。これが位置地代である。

　位置地代は，土地による生産性の違いが生む超過利潤を反映した差額地代の一種である。当然，農業では土地の肥沃さの違いによって，同じ量の資本や労働力を投下して同じ作物を作っても，そこから上がる利潤は異なり，それが地代の差に反映される。これは，差額地代のうち，豊度地代と呼ばれる。これに対して位置地代は，同面積・同質の土地であっても，市場への距離の差によって生産性に差が出ることで発生する地代である。概念的に言えば，チューネンは孤立国を仮定することで豊度地代を一定とみなして都市からの距離という要素を孤立化し，それによって位置地代をいわば結晶化させることに成功したのである。

　ところで，土地所有者が農業経営者である以前に経済人であるならば，農業に限らず最も経済合理的な土地利用を選択するはずである。土地をあくせく耕して得られる利益よりも少しでも多くの利益が得られるのならば，耕地を宅地にするという意思決定は，現実どこにでもある話である。田や畑がより多くの利益をもたらす宅地に変わっていったのと同じ理由で，その場所の土地利用はより多くの地代を負担できる機能に取って代わられる。最終的には最もアクセシビリティに敏感で，最も高い地代を負担できる土地利用が，最も条件の良い都心の土地を占有するだろう（**図3-6**）。こうして競合する土地利用間の「オークション」が行われ，結果として地代曲線は都心を頂点としてそこから離れるにつれて低下する。こうして導かれる理論的な地代を付け値地代と呼ぶ。付け値地代の理論化は，アロンゾらの都市経済学者によって進められたが，そのさきがけはチューネンの業績なのである。

　チューネン自身，自らの理論が農業的土地利用に限定されない射程をもっていることを認識していた。

　　都市の入り口の外側に新しい家を建てその敷地を買おうと欲する人

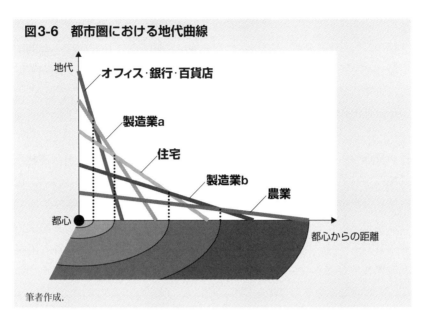

図3-6　都市圏における地代曲線

地代

オフィス・銀行・百貨店

製造業a

住宅

製造業b

農業

都心

都心からの距離

筆者作成.

は，この土地が園芸作物の生産に対して有する価格以上をそれに払う必要がないであろう。家屋を建築した後は，この土地がもしそうでなければ，あげたところの土地地代（Landrente）は，土地賃料（Grundrente）に変わる。けれども両者の額はこの場所ではまだ全然同一である。都市に入るにつれ，この土地賃料はますます高くなり，ついに都市の中心や主な市場においては，家屋が建てられる地所が1平方ルートに対し100ターレル以上支払われるに至る（筆者注：農業地代からかけ離れて高くなる）。

　家屋の土地賃料が都市の中心にいくにつれて何ゆえに漸次上昇するかの原因を十分に究めるならば，われわれは，それが業務を行う場合の労働の節約，利便，時間損失の減少にあるのを発見する。それゆえにわれわれは土地賃料と小作料とは同一の原理により規制されるのをみるのである（pp.158-159）。

　私たちはチューネンを農業立地論の創始者として評価しがちであるが，最大の功績は，位置地代を導き出したことである。経済地理学的には，都市からの距離によって発生する位置地代の作用によって均質空間が差

異化されること，いいかえれば地域差がないところに地域差が生まれることを示したことが重要なのである。

---

3 農業立地論を実証する

(1) チューネン圏の周辺

　論理実証主義の教義に即してチューネンの『孤立国』が「再発見」されたという経緯からして，研究がチューネン圏の経験的検証に進んでいくのは必然であった。富田(1991)は，その書名が示すように，立地論の理論を丁寧に解説し，そのうえで実証事例を豊富に紹介しており，立地論を学ぶにあたっては座右に置いておきたい一書である[5]。そこでは，ミクロチューネン圏，市場中心のチューネン圏，マクロチューネン圏に分けて，チューネン理論を検証しようとした試みが多数紹介されている。そこで，ここでも少しそれらを紹介しておこう。

1) ミクロチューネン圏

　ミクロチューネン圏とは，多くの労働量を必要とする作物が農家や農業集落の近くで造られ，たいして手間がかからず粗放的に栽培できる作物が遠くで栽培されることから見出される同心円構造である。したがってミクロチューネン圏のなりたちは，農産物を市場に出荷する場合の輸送費による同心円構造とは異なる。富田(1991)はミクロチューネン圏を，作業や資材，収穫物の運搬にまつわる空間的な移動，いいかえれば農家が距離の摩擦を最小化しようとする「最小努力の原則」によるものだとしている。チューネン本人は，第1部第1章「農舎より耕地までの距離が労働費に及ぼす影響について」において，距離の摩擦を労働費として換算し，「耕地が農舎から隔たるにつれ，耕作的費用が増加し，地代が減少することを示し(p.325)」ている。

　坂本(1990)が示した日本におけるミクロチューネン圏の事例は，農業的土地利用の地域差の説明や，農地転用に関連して，いくつかの示唆を与えてくれる(**図3-7**)。1980年頃の浜松近郊の集落の状況に即して説明

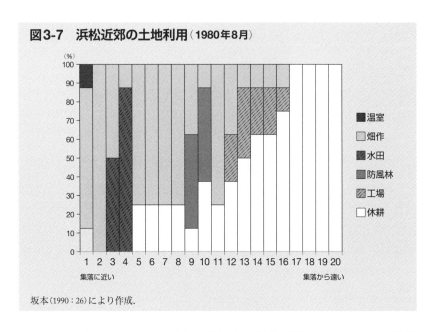

図3-7　浜松近郊の土地利用（1980年8月）

凡例:
- ■ 温室
- □ 畑作
- ▨ 水田
- ▨ 防風林
- ▨ 工場
- □ 休耕

横軸: 1 2 3 4 5 6 7 8 9 10 11 12 13 14 15 16 17 18 19 20
集落に近い　　　　　　　　　　　　　　集落から遠い

坂本（1990：26）により作成.

しよう。当時，ここではネギを主体とする畑作が行われていたが，農地から工場への転用が進みつつあった。工業化に伴って，兼業化が進展した結果，農業は女性や高齢者（かあちゃん，じいちゃん，ばあちゃん）を主な担い手とする「3ちゃん農業」——死語かもしれない——になっている。兼業化が進めば，どうしても世帯あるいは集落全体として農業に費やすことができる労働力は減少する。そうすると，農機具や収穫物を運ぶ労力が大変で，行き帰りの時間もかかる耕地，つまりは集落から遠い耕地から，耕作放棄地となったり，売却されて工場に転用されたりする。耕作放棄地が発生すると，管理不行き届きの耕地に雑草が生い茂って害虫が発生するなど営農環境が悪化し，周囲の耕作放棄が促される。

　ホンダやヤマハといったグローバル企業の発祥の地でもある浜松には，製造業の雇用機会が豊富で賃金水準も比較的高い。同じ働くなら，農業よりもより多くの所得を期待できる製造業に働き口を求めるであろうし，世帯のなかでもより高い賃金が見込める労働力から，兼業化あるいは離農するであろう。それによって農業に投下可能な労働力は減少し，すべての農地が耕作しきれなくなると，最も収益性の低い——つまりは最も

地代が低い——農地が切り捨てられるであろう。ほぼ耕作条件が同じであれば，行き来に手間のかかる遠隔の農地から耕作放棄地となる。耕作放棄地は耕作するだけの経済合理性がないため耕作放棄地となる。このことは，日本で大きな問題となっている耕作放棄地が，市場メカニズムの下では必然的に発生し，その枠内では解決困難であることを示唆している。

2）逆チューネン圏

オリジナルなチューネン圏の検証は，市場中心のチューネン圏によって達成される。歴史的状況や途上国への適用では，チューネン圏の存在が実証されることも多い。富田（1991：23）が紹介しているように，青鹿（2004）は，1930年頃の東京圏を舞台に，チューネン圏的な構造がみられることを明らかにした。しかし，当然といえば当然であるが，近代化・都市化が進んでくるにつれ，土地利用は入り乱れ，チューネン圏的な農業経営形態の同心円構造は見出しがたくなってくる。しかし，チューネン圏が見いだせないことは，チューネン理論が否定されたことを意味するわけでは決してない。その含意の説明は後回しにするが，このことを真っ先に指摘しておく。

　都市化が進むにつれ，農業的土地利用は都市的土地利用との競争圧力にさらされるようになり，農業経営はその影響を強く受ける。そうした状況の説明を試みたSinclair（1967）の逆チューネン圏は，経済地理学の教科書の定番である。かいつまんでいうと，近い将来農地が都市的土地利用に転換すると期待される都市近郊では，農業への資本・労働力の投下が手控えられて農業経営がおざなりで粗放的になり，都市から離れると，農業以外の就業機会が少なく，都市的土地利用への転換の見込みも薄いため，真剣で集約的な農業経営がなされるというモデルである。シンクレアの示した図式を見ると，都市から離れるほど農業経営の収益が高くなるような地代曲線が引かれている。そして，土地利用転換の期待が消滅する地点，つまり都市化のフロンティアの向こう側からは，チューネン圏的な世界が展開するのだという。

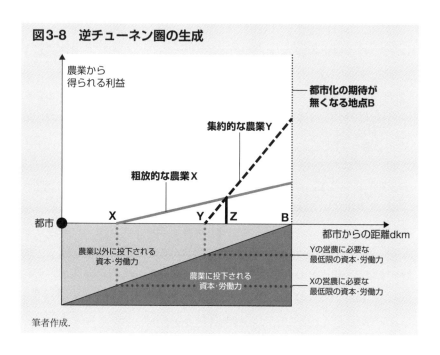

図3-8　逆チューネン圏の生成

農業から
得られる利益

都市化の期待が
無くなる地点B

集約的な農業Y

粗放的な農業X

都市　　　　X　　　　　　　Y　Z　　　　B

都市からの距離dkm

農業以外に投下される
資本・労働力

Yの営農に必要な
最低限の資本・労働力

農業に投下される
資本・労働力

Xの営農に必要な
最低限の資本・労働力

筆者作成.

　Sinclair（1967）では，このような地代曲線が導出されるプロセスを明確に説明しているわけではない。どのようにしたら，この逆チューネン圏が導けるかを少し考えてみた（**図3-8**）。縦軸に農業から得られる収益を取り，横軸に市場＝都市からの距離を取るのは，オリジナルなチューネンのモデルと同じである。これに加えて，グラフの下の部分に，農業と農業以外に投下される資本・労働力を示している。都市化の期待がなくなる地点を想定すると，そこでは雇用機会が乏しいため，すべての資本・労働力が農業に投下されるとする。そこから都市に向かって進むと，都市化の期待や農業以外の雇用機会が高まってくるので，農業に投下される資本・労働力が減少し，都市に至るとこれがゼロになると考える。

　都市化の期待がなくなる地点では，集約的農業にすべての資本・労働力が投じられ，高い収益が実現されている。そこから都市に近づくにつれ，農業以外に投下される資本・労働力が増加する分，十分に手間暇かけた農業経営を要求する集約的農業の収益は急速に低下し，Y地点ではもはや収益が得られなくなる。もうひとつ，もっとほったらかしでも経

営可能だが，手間をかけても大して収益が上がらない粗放的農業を考え
る。この手の農業経営は，B〜Zの区間では選択されないであろう。しか
し，投下資本・労働力を減らしても収益の低下はゆるやかなので，集約
的農業では収益が得られないような地点でも，X地点までは営農は可能
である。このような手続きを考えれば，理論的には逆チューネン圏を導
くことができよう。

逆チューネン圏は，都市化という現実にさらされた農業の現実を図式
的に把握しようとする試みであり，うなずけるところはある。しかし，
チューネン理論のようには明確に定式化されておらず，チューネン理論
の肝である市場への輸送費は，逆チューネン圏では捨象されている。右
肩上がりの農業地代曲線が導かれる論理は——ここでは少しでもそれを
明確にしようと試みたが——不明確であり，理論としての厳密さには欠
ける。

そもそも，チューネン理論の射程は，本来農業に限定されない。チュー
ネンの最大の貢献は，位置地代を理論的に明示したことにある。したがっ
て，逆チューネン圏の方が都市化にさらされた農業の現状をある程度う
まく説明できるとしても，あらゆる土地利用に拡張可能なチューネン理
論の屋台骨がそれで揺らぐわけではない。逆チューネン圏の世界でも，
農業以外の土地利用を加味すれば，都心に近いほど土地収益性の高い土
地利用がみられるであろう。そうした土地利用への転換の期待があれば
こそ，農業への資本・労働力の投下が差し控えられるのであるから。

(2) チューネン圏の実証可能性

1) マクロチューネン圏

マクロチューネン圏とは，都市圏を超えた一国あるいは大陸レベルで
農業の収益性や集約度が示す同心円構造である。やはり過去の状況や途
上国において同心円構造が見出されたとする研究が多く，一般にはチュー
ネン理論の肯定的実証の列に加えられている。しかし，こうした研究は，
本当にチューネン圏を実証したといえるのだろうか。坂本(1990)は，教
科書ながらこうした原理的な問いを投げかけている。以下では，坂本

　　　　　　　　　　　　チューネンの農業立地論——A=√apへの歩み

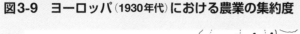

図3-9　ヨーロッパ（1930年代）における農業の集約度

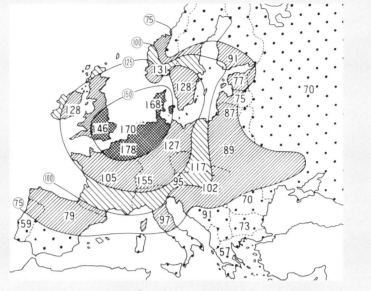

注）ヨーロッパ平均のエーカー当たり平均収量を100とした場合.
坂本（1990：16）．原典はvan Valkenburg and Held（1952）.

（1990）にヒントを得て，演繹的理論の実証性について，より深く考えてみたい。

　坂本（1990：16）が示したヨーロッパにおける農業の集約度に関する地図（**図3-9**）を引き合いに出して考えていこう。農業集約度は，南イングランドやベネルクス，ドイツ北西部に相当するヨーロッパの中枢部において最も高く，そこから離れるにしたがって同心円的に低下することが示されている。このことをもって，チューネン理論が実証されたといえるだろうか。チューネンの理論は，自然的・社会的差異を捨象した孤立国において，中央にただひとつ存在する都市に周辺からすべての農産物が供給される状況，つまりは市場からの距離によって規定される輸送費だけが農家の純収益を左右する状況を仮定した。その仮定に基づき，都市からの距離のみによって，農業経営形態に同心円的な地域差が生じること，一般化すれば，市場から離れるにしたがって地代が低下することを演繹

的に導き出した。

　ここでは，百歩譲って集約度が農家の純収益や地代と相関するものとみなして議論を進めよう。チューネン理論では，農産物の出荷先である都市＝市場はただひとつである。この地図がチューネン理論の実証になっているとするならば，その市場は同心円構造の中心付近に点として与えられるはずであるが，それは実体とかけ離れている。本来市場は面的であるなどというまでもなく，100万人都市クラスの大市場は，同心円の端の方にもたくさん分布している。同心円構造の中心から離れるにしたがって，市場に出荷するための輸送費が増大すると考えることはできない。

　農業の集約度が単位面積当たりの農家の純収益に対応するとしても，ここで示されるのは結果としての集約度＝純収益であって，その収益構造は一切明らかになっていない。集約度が描く同心円の真ん中あたりにただひとつの市場があるというおかしな想定に輪をかけて，収益を左右しているのが輸送費のみであるとの希望的観測に基づいて強引に読み込むことによって，はじめてチューネン理論が実証されたという結論がえられる。そうした解釈が不適切であることは明らかであろう。

　それならばなぜ，**図3-9**のような同心円構造が生み出されるのだろうか。この疑問の方が，むしろ興味深い問いである。チューネン理論の体系内に限定して考えてみても，市場からの距離以外の定数とみなしていた農産物の市場価格，土地生産性，生産費，運賃率のいずれかあるいは複数が，実は同心円的に変化する変数であった可能性がある。さらにはチューネン理論では捨象されるさまざまな要因が絡み合って，農業の集約度なり純収益に同心円構造をもたらしている可能性もある。もっとも，そのどの可能性がこの同心円構造を創り出しているのかは，地図を眺めているだけでは一向に明らかにならないのであるが。

2）現実における自然環境の影響

　市場である中心都市がもう少しはっきりしている事例も，坂本（1990：28）は紹介している。この場合，シドニーを中心都市として，そこからの

図3-10 オーストラリア・ニューサウスウェールズ州の酪農・畜産 経営形態

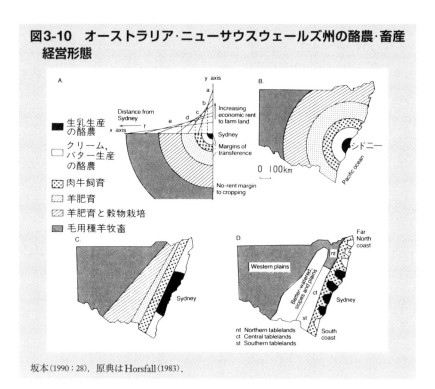

坂本 (1990：28)．原典は Horsfall (1983)．

　同心円構造の形で，南東オーストラリアの酪農・畜産経営形態が模式化
されている（**図3-10**）。シドニーに最も近いところでは集約的で生産物が
腐敗しやすい生乳が生産され，そこから離れるにしたがって，乳製品の
生産，肉牛飼育，肉用の羊の肥育，毛用羊の飼育の順に配置しており，
単位面積当たりの収益性は明らかに中心都市に近いほど高くなっている。
輸送費のみとは言わないまでも，輸送費を決定的な要因としてこの構造
が創り出されているならば，チューネン理論は実証されたといってよい
であろう。

　高校や中学で使った地図帳を開いてみると，そううまくいきそうもな
いことはすぐにわかる。シドニーにはグレートディヴァイディング山脈
がすぐそこに迫っており，平野と言えそうな部分はほとんどない。よく
見ると，シドニーは国立公園に取り囲まれているうえ，いたるところに
炭坑マークがみえる。そもそも，農業にそれほど適しているようには見

えない。地図帳には，オーストラリアの牛と羊の分布が点で示され，年降水量の等値線が引かれた地図も掲載されている。それをみると，海岸部に牛が，内陸部に羊が分布しているが，オーストラリア大陸の中央部には牛も羊もほとんど分布していない。これは，牛よりも羊の方が乾燥に強いが，オーストラリア大陸中央部では乾燥度が強すぎて，羊を飼うのにすら適していないからである。シドニー周辺についても，グレートディヴァイディング山脈を越えると平坦地が広がるが，同時に降水量も急に少なくなる。この事例では，あたかもチューネン圏的な農業経営形態の配列がみられたが，その基本構造は，地形や気候といった自然環境が創り出していると結論付けていいであろう。

チューネンは自然環境や土地の豊度をはじめとしたあらゆる地域差を捨象することで，市場からの距離の摩擦を経済学的に表現したものである輸送費だけが作用する場合でも，位置地代の差異を反映して，農業経営形態が同心円構造をとることを示した。その意味において，チューネン理論は，自然環境決定論に対する批判の決定版であると評価できる。しかし，現実の世界は「孤立国」ではない。現実の世界では，科学技術が発達した現在においても，自然から直接富を得る経済活動である農業が自然環境の影響を強く受けることに変わりはない[6]。

農業経営形態の配列や農業の収益性が同心円構造を示していても，それを創り出す決定的な要因が輸送費であることを積極的に証明しない限り，チューネン理論を実証したことにはならない。チューネン理論を実証したと称する研究には，「実証したい」という「希望」や「実証できる」という「希望的観測」に基づいて，実際は輸送費以外の多様な要因の反映である同心円構造を，輸送費という言語によって誤訳したものが少なくないようである。

4　メカニズムの異なる同心円構造

ここまで，関数のような因果関係を想定し，被説明変数を農業経営形態あるいは農業の収益が示す同心円構造とした場合，同心円構造が輸送

費ではなく，同心円構造を持つ別の説明変数によっている可能性を指摘してきた。いっぽう，チューネンの理論とは全く異なるメカニズムが同心円構造を創り出すこともある。

　柳田国男の『蝸牛考』(柳田2009)の話をしたい。柳田国男(1875～1962)は，言わずと知れた知の巨人である。兵庫県に生まれ，東京帝国大学法科大学を卒業後，農商務省に入省する。官僚として視察や農村調査，講演などで日本各地を回るうち，民俗学に目覚め，1910年には『遠野物語』を発表する。1919年に貴族院書記官長を辞任後は，民俗学の体系化に打ち込み，『郷土生活の研究法』や『海上の道』など，影響力のある著作を数多く著し，日本民俗学の父とも称される。『蝸牛考』で示された方言周圏論は，柳田が提起した民俗学理論のなかでも重要なものの1つである。

　蝸牛とは，「かたつむり」のことである。「かたつむり」を意味する方言は日本各地にたくさんあるが，類型化すると，ナメクジ，ツブリ，カタツムリ，マイマイ，デデムシのいずれかの系統に整理できる。文献学の成果などによって，言葉としての起源はこの順番で，ナメクジが最も古く，デデムシが一番新しいことが分かっている。「かたつむり」を何と呼んでいるかを日本各地で調査し，地図に落としてみる(**図3-11**)。すると，古い呼び名ほど方言として周辺部に残り，新しい言葉は文化の中心(ここでは京都)近くに分布しているように──見る人によっては──見える。柳田は，この同心円構造を，新しい呼び名が文化の中心で生まれ，古い呼び名が次第に外側に押し出されるようにして，周辺部に残存することによって生じると考えた。これが方言周圏論である。

　方言周圏論は，推論の形式としては仮説的推論の典型例である。すなわち，観察された諸事象の集合から出発し，それらの事実についての最良の説明を推論する方法である。徹底的な現場主義に基づいた枚挙の精神で民俗事例を収集し，そこから意表を突く推論をするのが，柳田民俗学の真骨頂である(谷川1995：95)。同じ同心円でも，方言周圏論はチューネン理論とは全く成り立ちを異にするが，柳田が農政学を学んだ若き日に接したチューネン圏にヒントを得ているというから面白い。

　方言周圏論は，論理の性質としては発展段階論に属する。発展段階論

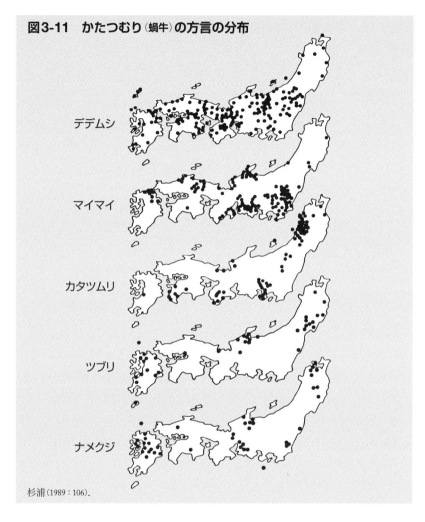

図3-11 かたつむり(蝸牛)の方言の分布

デデムシ

マイマイ

カタツムリ

ツブリ

ナメクジ

杉浦(1989：106)．

においては，文化や社会，経済をいくつかの発展段階に分ける。例えば，方言周圏論から呼称を拝借して，文化段階にはナメクジ段階，ツブリ段階，カタツムリ段階，マイマイ段階，デデムシ段階があり，ある地域社会はこの順に発展段階をたどるものとする(**図3-12**)。近代化の中心地では，すでにデデムシ段階にあるが，少し遅れた地域Aではまだカタツムリ段階，さらに遅れた地域Bはいまだナメクジ段階というように，同時代でも地域によって文化段階は違うであろう。地域Aや地域Bは，将来，

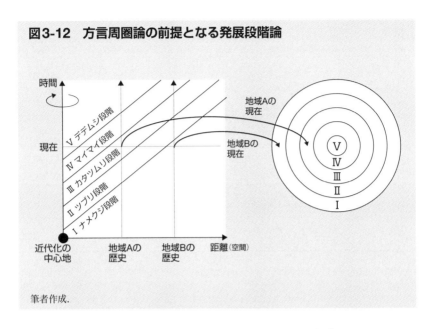

図3-12　方言周圏論の前提となる発展段階論

筆者作成.

近代化の中心地よりも遅れて，後の段階を経験すると想定される。

　均質空間を仮定し，文化段階の先行・遅行が近代化の中心地からの距離に対応しているとすれば，距離と水平な方向に現在の状態を輪切りにしてみると，同心円構造が得られるはずである。これが方言周圏論のロジックなのである。このような説明の図式が，経済地理学において頻繁にみられることは，簡単に想像がつくだろう。大都市圏と地方圏，中心と周辺，先進国と途上国などの間に発展段階の違いを想定し，それによって地域差を説明する図式は，とてもわかりやすく，それゆえパワフルである。しかし，発展段階という認識を認めるとして――これそのものを批判したいところであるが――この図式では何が発展段階の違いをもたらしているのかを説明していない。時代差を空間に投影すると地域差になるといっているだけである。学部生の時に受けた講義で，田邊裕先生が発展段階論を「歴史の横倒し」と批判していたのを思い出す。歴史の横倒しで地域差が説明できるならば，地理学独自の説明はいらないことになりはしないだろうか。

　発展段階論批判はこのくらいにして，改めてチューネン圏（**図3-2**）を見

よう。すると，林業は別として，最も先進的な自由式農業が最も都市近くに位置し，そこから離れるにしたがって，輪栽式，穀草式，三圃式，牧畜と配列している。つまりチューネン圏は，新しい農法がイノベーションとして都市で生み出され，歴史的に古い農法が都市から離れたところに残存するという，方言周圏論さながらの発展段階論でも再現されてしまうのである。

　ある地域において，現実の農業経営形態を観察したところ，同心円構造が検出されたとしよう。それがなぜ形成されたのかを，市場への農産物の輸送費のみからもたらされるとするチューネン理論でも，同心円構造を時代差の反映とみる発展段階論でも，さらには自然環境によっても説明できるとなった場合，いったいどの説明を採用すべきなのだろうか。統計学的な当てはまりの良さといった定量的な判断が，その場しのぎにはなっても，根本的な解決にはならないことは明らかだろう。

5　チューネンの**理論**は**否定**されたか？

　農業経営形態あるいは農業収益の同心円構造をR，市場からの距離をdとした場合，チューネン理論はR＝f(d)である。しかし現実においては，さまざまな要素(x1, x2, x3…)があり，それが複雑に絡み合っているf(x1, x2, x3…)[7]ため，同心円構造Rが見出されたとしても，R＝f(x1, x2, x3…)であると考えるのが自然である。R＝f(d)を示して，はじめてチューネン圏の実証は成就するのであるが，多くの研究は関数f(x1, x2, x3…)の構造を明らかにすることなく，Rを検出したことだけをもって，R＝f(d)を実証したと称している。また，同心円構造Rは，発展段階論という歴史(時間：t)を横倒しする特殊な関数によっても，R＝f(t)として説明できてしまう。

　以上，長々と説明してきたことは，このように単純化できる。演繹的に理論やモデルを構築し，それを経験的に検証することは，思った以上に難しいことが実感できたであろう。ここまでくると，チューネン理論が実証の風雪に耐えて生き残る可能性はほとんどないように思われる。

ノーベル経済学賞を受賞したミュルダールはこう言っている。「われわれの現在の状況においては，なすべきことは，しばしばいわれるように現実についての経験的知識の内容によって理論の『空き箱』をみたすという比較的安易な仕事ではない。というのは，われわれの理論の箱は，主としてそれが現実を入れることができるように作られていないために空になっているからである（ミュルダール1959：201）」⁸⁾

　チューネン理論も，現実を入れることができない「空き箱理論」なのだろうか。

　対象を農業に限定すると「空き箱理論」に近いかもしれない。しかし，チューネン理論はもっと有益で意義のある理論である。チューネン理論は，農業経営形態の同心円的配列を超えて，土地利用一般に拡張することができる。それは，チューネン理論が位置地代を理論的に導出しているからである。Rを地代であるとしよう。現実は複雑な要素の絡み合いからなっているため，地代の高低は様々な規定要因によるが，都心からの距離dがその要因の1つすなわち$R = f(d, x1, x2, x3\cdots)$——であり，なおかつ最も重要な要因であることは間違いない。1㎡いくらという現実の地代うち，どこまでが位置地代であるかという腑分けはできないとしても，位置地代という概念の意義は，だれしも疑わないであろう。

　理論の価値は，必ずしもそれを打ち立てた人にとっての直接的な目的だけにとどまらない。農業の範疇においてチューネン圏が見いだせないからといって，チューネン理論が否定されるわけではない。位置地代の理論として一般化できるからである。対象領域を農業経営形態といったように具体的に限定したほうが，理論的説明がしやすそうなものだが，むしろ一般化したほうが力を発揮できる理論もある。チューネン理論がそうであるように，理論を経験的に検証する際に，どの程度の一般性を想定するかによって，理論の評価が変わることもあり得るのである。このことは，理論の実証を一層難しくしている。

6　チューネンの墓碑

『孤立国』第2部と第3部は，それぞれ「自然労賃ならびにその利率・地代との関係」「いろいろな樹齢の松造林の地代，最有利輪伐期および立木材積価値を決定する諸原理」と題されている。これらの内容が経済地理学の教科書で紹介されることはまずないが，個人的には，読後最も心に残ったのは第2部である。第2部では，冒頭で第1部の要点が分かりやすく整理され，続いてチューネンがなぜ模範的農業経営者を目指し，なぜ生涯を『孤立国』に実を結ぶ研究にささげたのかが情感豊かに描かれている。

第1部の目的は，孤立国において農業が最も合理的に経営された場合における地代の決定原理を探ることであった。第2部が目指すのは，「孤立国のすべての関係における合理性の要求の拡張（チューネン1989：320）」である。具体的には，チューネンが自然労賃と呼ぶものと，利子率の水準が，地代との関係でどのように決まるかを追求しようとした。本書の最終章で登場するカール・ポランニーは，本来商品ではないが，資本主義の下では商品として取引される土地，労働力，貨幣を擬制商品と呼んだ（ポラニー2009）。第一部で土地の価格である地代の決定原理を明らかにしたチューネンは，擬制商品のうち，残された労働力と貨幣についても，同様の厳密性でもって，その価格決定の原理を示そうとしたのである[9]。

第2部からは，チューネンの研究がスミス，リカード，セイなどの古典派経済学の成果を批判的に発展させようとしたものであることがにじみ出ている。スミスには，需要と供給が一致する「市場価格」と，ある商品を作るために費やされた地代と賃金に平均利潤率を上乗せした「自然価格」の2つの価格概念があり，市場価格は自然価格を中心点として変動するとされる。チューネンは，常に移ろい，しかも競争を前提とする市場価格の概念に否定的である。この点，自然価格は問題ないように見えるが，自然価格を構成する「自然的労賃は何によって定まるかと問えば，競争によってと答える（p.347）」ことになってしまう。

第5章の話題と関わるが，チューネンにとって，研究は「あるべき姿」

を示す規範的なものである。「国民経済学の研究は私をいつも次の問題に立ち返らせた——普通労働者が一般に受けているわずかな労賃は，自然的か，それともこれは，労働者が取りもどしえない横領によって生じたのか？(p.331)」とあるように，チューネンの問題意識の根源は，労働者の貧困にあったのである。もし古典派経済学者のように競争を認めてしまうと，生存賃金というべきぎりぎり生きていくだけの賃金水準に労働者が甘んじていることを是認することになる[10]。これは，大きな不正である。チューネンのみるところ，「労賃の低い原因は，資本家と土地所有者とが，労働者の生産する生産物のはなはだ大きな部分を着服すること(p.331)」つまりは搾取にあるからである。

　他方で，当時高まりつつあった共産主義運動[11]の影響を受け，労働者たちが対自的階級として覚醒し，立ち上がったらどうなるか。それこそチューネンが恐れ，憂いたことである。カトリックとプロテスタントの宗教戦争やフランス革命が示すように，ヨーロッパには理念や正義を実現しようとする暴力が，破壊と混乱をもたらしてきた歴史がある。チューネンは，賃金の決定を「規制も法則もない自由競争に放任(p.333)」して暴力革命を来るに任せるのではなく，理性の力によって資本家と労働者の間の合理的な分配原理を探ろうとしたのである。そして行きついたのが，自然労賃という原理であった。

　労働者がようやく生きていける生存賃金をa，1人当たり労働生産物をpとすると，自然労賃Aは，aとpの調和平均すなわち，

$A = \sqrt{ap}$ となる。

　生物の次元に属する生存賃金をほぼ一定とすれば，自然労賃の高低は1人当たりの労働生産物に左右される。チューネンが模範的農業経営者であろうと研鑽をつづけたのは，金もうけのためではない。合理的な農業経営が労働者の生活水準の向上につながるからである。生存賃金を超える賃金を手にすることができれば，労働者は精神的活動に従事したり，子どもに教育を施したりすることができ，そのことが労働生産性を高める好循環が生まれるだろう。

　チューネンは，暴力革命によることなく，階級関係が止揚され，生産

図3-13 チューネンの墓標

http://www-personal.umich.edu/~copyrght/thunen/thunen/thunengrave02new.jpg

性の向上によって大多数の人が精神的活動とほどよい肉体的活動に従事し全人格的な発達を図れる世界,「人間のすべての苦しみが消えはしないだろうが,所有権の害,貧困より生ずる犯罪は少なくなり,否,全く後を絶つ(p.337)」世界を思い描いた。そして「それを『夢』と呼んだ(p.338)」。チューネンの自然労賃は,経済学的にはほとんど顧みられることはない。しかしチューネンは,その正しさを信じて疑わず,自らの墓に $A = \sqrt{ap}$ と刻んだ(**図3-13**)。$A = \sqrt{ap}$ は,彼の「夢の世界」＝孤立国の旗印なのである。チューネンの『孤立国』は,無味乾燥な理論書ではない。1つの社会思想として,私は『孤立国』第二部を繰り返し読むだろう[12]。

1) ウェーバーの工業立地論やクリスタラーの中心地理論を学ぶとき,チューネン(1989：324)が以下のように記したことを思い起こしてほしい。「あるゆる方面で合理的でなければならないところの孤立国においては,都市の大きさおよび分布に関しても合則性が支配しなければならない。ここでは最上の原則として次の命題が建てられるべきだろう。諸都市は,その大きさおよび相互間の距離に関して,最大の国民所得が生ずるように全国的に分布されなければならない。この原則に適うのは,商業および工業

が最も廉価に製造し，その生産物を最も廉価で消費者に届けることのできる点にその立地をもつ場合である。」

2）チューネン（1989）の末尾にある「チューネン伝」を参考に記述する。

3）本章でページのみ記されている場合は，チューネンの『孤立国』からの引用である。

4）チューネン圏には，次のような説明が付されている。「私のある友人から示されたこの図解は，本書に述べた対象を理解するために必ずしも必要ではない。私もまたそれに言及したことはない。しかしそれはわれわれの研究から生じた結論の容易にして快い概観を与える。それゆえ本書を注意深く読んだ読者に歓迎されると思う（p.293）」。要するにチューネン圏は，チューネン自身が描いたものではない。

5）すでに手に入りにくくなっているが，ダイジェスト版である富田（2006）でも十分学習の役に立つ。

6）そう考えてみると，青鹿（2004）の示した1930年頃の東京を中心とした農業経営形態の配列も，違って見えてくる。中心市である東京市から近い順に，乳牛飼育，施設園芸，稲作，畑作，養蚕という配置には，輸送費の影響もあるにせよ，平野から台地を経て山地に至る地形の影響が強く作用しているのではないか。

7）実際には，これに加えてx1, x2, x3…の間の交互作用を考えなければならない。

8）訳者の小原敬士は，戦前から名の知れた経済地理学者であり，マルクス主義宣伝のかどで特高に検挙されたこともある。戦後は経済地理学会の会長を2期務めている。

9）マルクスは，資本家，地主，労働者のそれぞれが，資本，土地，労働という別々の源泉から所得である利子，地代，賃金を得ているとみなす古典派経済学の考え方（資本―利子，土地―地代，労働―賃金）を，キリスト教における「三位一体」になぞらえて批判した。この三位一体によって，労働者を搾取することによって得られる剰余価値こそが，利子や地代の源泉であるという事実を覆い隠しているというのである（マルクス2017）。後に示すように，チューネンは労働者が資本家と土地所有者から搾取されていると考えていたため，この批判は当たらない。資本についてチューネンは，「資本は労働生産物の集積，したがって完成した労働であって，1つの根源――人間の活動――から不断の労働によって生ずる。ゆえに資本および労働は本質的には1つであって，ただ過去と現在という時間の経過において異なるのみである（p.321）」と述べている。

10）チューネンは階級が固定化されたうえでの市場における非人格的競争を批判しているのであって，競争一般を否定するわけではない。チューネンは労働者が十分な賃金がないまま若くして結婚するため，子どもが教育の機会を受けて労働者の境遇から脱することを妨げているとみていた。そして，労働者の賃金が高められ，早婚が改められて十分な教育機会が保障されたならば，自由競争の結果として有能な労働者の子弟が経営者や官吏となり，より合理的な社会が実現すると考えていたのである。

11）年代的にはすれ違いになるため，マルクスは登場しないが，ブランキやプルードンには言及している。

12）水野（2018）は，その際の助けとなる。

［文献］

青鹿四郎（2004）：『農業経済地理』農山漁村文化協会。

坂本英夫（1990）：『農業経済地理』古今書院。

杉浦芳夫（1989）：『立地と空間的行動』古今書院。

谷川健一（1995）：『青銅の神の足跡』小学館。

ダン，E.S.著，阪本平一郎・原納一雅訳（1960）：『農業生産立地理論』地球出版。

チューネン，J.H.著，近藤康男・熊代幸雄訳（1989）：『孤立国』日本経済評論社。

富田和暁（1991）：『経済立地の理論と実際』大明堂。

富田和暁（2006）：『新版　地域と産業——経済地理学の基礎』原書房。

ポラニー，K.著，野口建彦・栖原　学訳（2009）：『新訳　大転換——市場社会の形成と崩壊』東洋経済新報社。

水野忠尚（2018）：『プレデール立地論と地政学——経済のグローバル化と国家の限界』早稲田大学出版局。

松中照夫（2018）：『新版　土壌学の基礎——生成・機能・肥沃度・環境』農山漁村文化協会。

マルクス，K.著，向坂逸郎訳（2017）：『資本論9（電子書籍版）』岩波書店。

ミュルダール，G.著，小原敬士訳（1959）：『経済理論と低開発地域』東洋経済新報社。

柳田国男（2009）：『蝸牛考』岩波書店。

Horsfall, D.（1983）：*Agriculture*. Oxford：Blackwell.

Sinclair, R.（1967）：Von Thünen and urban sprawl. *Annals of Association of American Geographers* 57: 72-87.

Van Valkenburg, S. and C. C. Held（1952）：*Europe, 2nd ed.* New York: John Wiley & Sons.

第 4 章

ウェーバーの工業立地論
——ある挫折の記録

1 『工業立地論』は経済地理学ではない？

　国民経済の地域構造論は，産業配置論，地域経済論，国土利用論，地域政策論の4分野から構成される。国民経済の地域構造とは，国土を基盤として歴史的に作り上げられてきた地域的分業体系であり，ある時代の国民経済の地域構造は，その時代における主導産業の立地によって骨格が与えられる。したがって，その論理的な出発点は産業配置論にあり，産業配置の法則定立を目的とする立地論は，経済地理学の基礎理論と位置づけられてきた。これらはすでに述べてきたことである。

　地域構造論が想定していたのは，公害や過疎・過密といった数々のひずみを伴いながら，高度成長期に成立した日本における地域的分業体系であるから，その主導産業は重厚長大型の製造業ということになる。この点に，ウェーバーの工業立地論が立地論のなかでも特に熱っぽい視線を浴びてきた理由がある。矢田自身，「立地論とくにアルフレッド・ウェーバーらの古典的立地論を批判的に検討しつつ，マルクス経済学の側からの資本の立地運動の理論的解明が必要（矢田2015：44）」と述べている。

　私は学部時代を理学部の地理学教室で過ごしたため，講義は自然地理学の分野に属するものが中心であった。人文地理学の講義はわずかであったにもかかわらず，その中に杉浦芳夫先生と山本健兒先生の講義があった。最初に接した本格的な人文地理学の講義が，実質的に『立地と空間的行動』（杉浦1989）と『経済地理学入門』（山本1994）の内容——いずれも定評のある経済地理学の教科書——だったのであり，私の地理学観に

潜在的な影響を与えたことは間違いない。私が学んだのは，今になって思えば出てまもない旧版であったが，新版『経済地理学入門』にも，「工業立地の理論として最も重要なものは，20世紀初めに構築されたアルフレート・ヴェーバー[1]の古典的工業立地論である」(山本2005a：65)との記述が見つかる。教科書におけるウェーバー工業立地論の扱いは，依然として手厚いのである。

杉浦(1989)と山本(1994, 2005a)もそうであるが，一般的な経済地理学の教科書では，『工業立地論』(ウェーバー1986)の第5章「集積」までを説明しており，第6章「全体的指向」および第7章にまで踏み込んでいる富田(1991)のような教科書はまれである。富田(1991)は，戦前に翻訳・刊行され，今では入手することすら難しい『工業分布論』(ヴェーバー1938)にまで分け入り，おそらくウェーバーが想定する「現実的理論」と密接に関係する労働力集積論までも紹介している。しかし，富田(1991)もまた，『工業立地論』の第7章の末尾とそれに続く付論については触れることがない。

少し長くなるが，付論1「これまでの文献」にウェーバーが記したことを引用しておく。

　　経済のあり方に関する理論が経済史学でないのと同じく，経済立地に関する理論も経済地理学ではない。……なぜなら理論はその公式が常に個別対象のただ1つの特定の側面——その解明のために「抽象」が行われた側面——のみを解明するに過ぎないことを知っているからである。それによって抽象的にえられた公式に他の数多くの(その法則がまだ解明されていない)一連の原因を総合して，個別現象の本来的な形を最終的に理解するためには，これと全く異なった労作と異なった方法を必要とする。……このような理由から，ここでなされる労作は経済地理学ではなくて，「地理的立地の国民経済学」である(ウェーバー1986：202-203)。

恥ずかしながら，ウェーバー自身が「『工業立地論』は経済地理学ではない」と断言しているという破壊的事実を，私は学部生・院生時代に知る

ことがなかった。それは教科書に責任転嫁すべきではない。要するに私は，原典に当たる努力をしていなかったのである。

ひとたび著者の手を離れてしまえば，テキストはどのようにも読まれうる。偉大なテキストほど，さまざまな読みが可能であることは，『資本論』の斬新な読みが，現代思想の推進力の1つになっていることからもわかる。著者本人が経済地理学ではないといっている著作を，経済地理学の基礎理論と位置付けてきたことの背後にも，やはりその手の斬新な読み込みはあったのかもしれない。それよりも私の興味を引いたのは，ウェーバーはなにを根拠に「『工業立地論』は経済地理学ではない」としたのか，ウェーバーが本当に目指していたのは何だったのか，ということである。普通の読者とは異なる興味から紐解くと，『工業立地論』はウェーバーの挫折の記録であることが見えてくる。

少々風変わりであることを目指してはいるが，本書もまた，経済地理学の入門書となることを目指している。だから最低限，ウェーバーの工業立地論の骨子が分かるようにはしたい。ただ，それ以上に私は，ウェーバーの言葉になるべく忠実に，『工業立地論』を挫折の書として紹介してみたいのである。

2 『工業立地論』の目的

アルフレット・ウェーバー(1868-1958)その人については，高名な社会学者，マックス・ウェーバー(1864-1920)の弟であったということだけ述べておこう[2]。『工業立地論』は，ウェーバーがハイデルベルク大学着任後に出版されたが，その大部分はプラハ大学に経済学正教授として在籍していたころに書かれた。プラハ時代は，『工業立地論』の「数学付録」を書いた数学者ピヒト(Georg Picht)[3]と知り合ったことに加え，自らも小説家でフランツ・カフカの友人として——カフカの意に反して——遺稿を世に出したことで知られるマックス・ブロート(当時は学生)と親しく付き合い，彼を含む学生と共同で統計的研究に従事していた(三ッ石1998)というから興味深い。

当時はドイツにおいても産業の近代化が急速に進んだ時期であり，「経済諸力の大規模な場所的な移動，資本および人間の移動(p.2)」[4]が起きていた。ウェーバーの直接的な興味関心が人口や資本の大都市への集中にあったことは，多くの教科書でも紹介されている通りである。とりわけ都市への人口の集中についてウェーバーは，「人は何よりもまず，そこで『経済活動をしよう』として(p.3)」大都市を目指すと述べる。

　都市への人口移動の背景には文化的，心理的，社会的理由もあるに違いない。しかも，立地論以外の貴重な日本語文献であるウェーバー（2013）からうかがえるように，ウェーバーの根本的な関心は文化あるいは人間そのものにある。それでもウェーバーは，「彼等を駆りたてるのが単なる直接的な経済的強制という青銅の鎖であるかどうかを知ることなしに，高度に心理的な文化的な，また社会的な理由について論ずることができようか？(p.3)」と問いかけるのである。まず経済原理で説明できることは説明して，それができない部分については歴史や文化を導入して説明することによって，より現実的な知識が得られるという認識論は，ウェーバーの工業立地論のみならず，クリスタラーの中心地理論にもみられる立地論に典型的なものである。地域構造論を含め，日本の経済地理学者にも，こうした認識論は根付いているといってよい。

　人口の集中の原因となりうる経済活動の中で，生産の部面に特に限定する理由には，形式的な理由と実質的な理由がある。経済活動を構成する生産・流通・消費のそれぞれに法則があるとしても，切り離して各個追求した方が合理的であるというのが形式的理由である。ここには，全体を構成する要素は独立なものとして孤立化することができ，対象とするもの以外を捨象して個別に検討を加えたのち，総合すればよいとの判断が働いている。後に再び解説したいが，ここではこのような考え方が，まず経済原理で説明してみて，できなければ歴史や文化を持ち出せばよいとの考え方と通じていることを確認しておこう。実質的理由は，ごく少数の経済的純消費者(役人，軍人，年金生活者，資産家など)を除けば，消費者は生産者でもあるので，生産の立地が決まれば，流通と消費の立地も決まることである。

生産のうち工業に限定する理由は，農業についてはチューネンの農業立地論があることはもとより，ウェーバーが同時代的な資本や人口の地域的集積の最大の要因を，工業とそれを支配する立地法則にみていたからにほかならない。「工業の立地配分は常に今日の人口の大集中の『実体』——わたくしは，原因とは言わないが——をなすものである(p.6)」というのがウェーバーの見立てである。なぜ「原因とは言わない」のかが引っ掛かるが，ここでは引き取っておこう。

　それでは，工業立地の法則はどのようにしたら得られるだろうか。出発点からして，「経済的強制という青銅の鎖」で説明できるところまでは説明したいわけだから，ウェーバーが求めているのは純粋の立地法則である。「工業立地の諸法則——最も厳密な意味での法則——が『純粋』に，すなわち経済のあり方のどのような特殊性とも無関係に導き出さなければならない(p.10)」というように，ウェーバーは「経済のあり方」すなわち経済体制をも捨象してしまい，あたかも物理法則のような純粋の立地法則の定立を目指す[5]。そのうえで，「これらの法則が今日の経済体制の下でどのような特殊性を帯びるようになるか，またどのような付加的法則——恐らくは法則というよりは単なる法則性——がそこから生ずるか(p.10)」を究明していく戦略を，ウェーバーは立てるのである。このように，ウェーバーの思考回路は慣れてしまえばかなりたどりやすい。

　純粋の立地法則の定立という目的に適う推論の形式は，必然的に演繹となる。ウェーバーの考えでは，「ごく単純な基本的事実から出発し，そこから『純粋の』立地法則の全機構を導き出すことが可能(p.10)」であるという。

　しかし，とウェーバーは言う。「今日の資本主義の下での現実的な立地法則を導き出すという課題は単なる演繹的手続きでは解けない(p.10)」。「現実的な」立地法則を導出するためは，純粋の立地法則を定立するうえでは捨象せざるを得なかった未解明の特殊な原因を見出す必要があるからである。これに続く序説の最後の部分は，ウェーバーの学問観あるいは認識論が示された重要な部分である。

　ウェーバーの認識論は，純粋理論，現実的理論，事実研究の三段階か

らなっている。純粋理論とは，工業の立地要因とその作用に関する一般法則であり，演繹によって得られる抽象理論である。『工業立地論』第一部の内容が，これに該当するという。確かに邦訳書『工業立地論』の扉の裏には，“Erster Teil Reine Theorie des Standorts”（第一部　立地の純粋理論）とある。ウェーバーは，第二部として「現実的理論（Realistische Theorie）」を考えていたのである。第二部では，1861年以降のドイツの工業立地の分析と現代の資本主義諸国の人口集中に関して得られる資料の分析が予定されていた。しかしこれら2つの分析は，どう見ても事実分析に相当する内容である。

　第二部が出版された形跡はなく，それゆえウェーバーのいう現実的理論が具体的な形で世に出ることはなかった。ウェーバーによれば，現実的理論は純粋理論と事実研究を通じて得られるものであるという。特定の経済体制の下で純粋理論が帯びる特殊性や，傾向（法則性）とでもいうべき付加的法則のことを意味しているのは確かであるが，工業立地を直接の対象としているわけではないこともまた，確かなのである。というのもウェーバーは，現実的理論は，「歴史的に与えられた経済体制の下での労働力処理の理論でなければならない（p.200）」としているからである[6]。

　これは結論での言明なので，冒頭に戻って関係個所を引用しておこう。

　　今日見られる工業の立地配分は「純粋の」立地法則のみによっては最後のところまで説明できない。それは「技術的・経済的」にのみ決定されたものではない。むしろその主要な原因は資本主義の基本的特性にあるのであって，これは資本主義の作用であり，資本主義の消滅とともに消滅する。主要な点のみについて言うならば，それらは労働力をおとしめて1つの商品──朝に買われ，夕べに棄てられる──とみなす資本主義のあり方に由来し，また，その結果である「労働市場形成」の諸法則に由来し，さらにそれが生み出した局地的な「労働力の集積」に由来する。この労働力集積から必然的に，われわれが今日見るような工業集積の独特の形──これをわたくしは一応「工業の段階的集積」（stufenagglomeration）とよぶ──が生ずる。さらに言うならば，この労働

力集積から，これと並んで，今日見られるような人口集積が生じ，それとともに他の非常に多くのことが生ずる (p.12)

　ここでは，資本主義の下での「労働力商品化」に端を発して，「労働市場の形成」⇒「労働力の集積」⇒「工業の段階的集積」というロジックが想定されている。労働力としての人口が都市に集中する現象に工業の立地法則から迫ろうとする当初の方向性とは正反対のように思えるが，『労働の経済地理学』(中澤2014)を著した私にしてみれば，ウェーバーの本当の関心のありかを突き止めたとき，非常に強い衝撃を受けた。第二部「現実的理論」が公刊されていない以上，ウェーバーの考えていた現実的理論の内容を知りたいという私の願いが届くことはない。この公刊されていないという事実は，ウェーバーの挫折に起因していると私は想像する。その点は最後に再訪することとして，工業立地の純粋理論の解説に移りたい。

3　純粋理論としての工業立地論

(1) 大前提

　工業には，繊維，食品，電気機械，自動車，精密機械などなど，さまざまなものがある。それらの工業は，軽工業と重工業のようにまとめることもできるし，日本標準産業分類の電気機械器具製造業が発電用・送電用・配電用電気機械器具製造業，産業用電気機械器具製造業，民生用電気機械器具製造業などに分かれているように，細分化もできる。工業の立地法則の定立を目指すには，どの程度の細かさがふさわしいだろうか。

　産業細分類は1,000以上あるから，製造業の産業細分類だけでも何百かはあるだろう。このレベルで演繹的な法則定立を目指しても意味がないし不可能であることは明らかである。もちろん，過度な単純化は慎むべきだが，理論構築にあたっては，過度な細分化こそ，より一層慎むべきである。ある事柄を説明するためには，必要以上に多くの実体を仮定

すべきではなく，必要かつ十分な仮定を設定すべきという学問の大原則は，「オッカムの剃刀」あるいは思考節約の原理と呼ばれる。最小努力の原理の思考版と考えればよい。

ウェーバーの工業立地論の優れた点の1つと私が評価するのは，工業の立地を説明するにあたって，産業分類のような先験的な類型を設定せず，いくつの類型が妥当かも問われるべき問題として処理していることである。ミシェル・フーコーの『言葉と物』の序論には，ボルヘスの「ジョン・ウィルキンズの言語分析」からの引用として，こんなことが書かれている。

　　そのテクストは，「シナのある百科事典」を引用しており，そこにはこう書かれている。「動物は次のごとく分けられる。(a)皇帝に属するもの，(b)香の匂いを放つもの，(c)飼いならされたもの，(d)乳呑み豚，(e)人魚，(f)お話に出てくるもの，(g)放し飼いの犬，(h)この分類自体に含まれているもの，(i)気違いのように騒ぐもの，(j)算えきれぬもの，(k)駱駝の毛のごく細の毛筆で描かれたもの，(l)その他，(m)いましがた壺をこわしたもの，(n)とおくから蝿のように見えるもの。」(フーコー1974：13)

極端だが，このような恣意的な分類には，実用的な意味は全くない。ウェーバーは，産業分類を前提としないことで，分類の恣意性を排除することに成功している。

ウェーバーの工業立地論における立地の最小単位は工場である。つまり，工場の立地を足し合わせていけば，工業立地の全体像が得られるとの前提に立っている。最終的には，工業の立地から，資本と人口の局地的集中といった，同時代ドイツの経済地理が復元されるはずである。これは，社会を個人の意思決定や行動の総和とみる方法論的個人主義という考え方である。経済地理学に当てはめるならば，一見ばらばらに行われている経済主体の立地と空間的行動の背後に潜む法則をつかみ取ることができれば，その総和として経済地理の総体を認識することができる

と想定するのである。社会科学における方法論的個人主義の旗手が兄，M.ウェーバーであってみれば，A.ウェーバーが方法論的個人主義に根差すのは当然かもしれない。

　方法論的個人主義のコインの裏面が，方法論的全体(集団)主義である。社会という人々の集合体の性質には，それを構成する個人の性質には還元できない何かがあるという考え方であり，『自殺論』で知られるエミール・デュルケム(1858-1917)が代表格である。社会が個人の総和でしかないなら，自殺率にこれほど大きな国家間の差があるはずではないというわけで，社会の実在性を認めるのである。

　ウェーバーの工業立地論では，立地の最小単位である工場の経営者は，生産費を少しでも節約できる場所に立地するという「費用最小化原則」にのっとって行動する。これが大前提である。したがって，生産費の削減につながるような場所的要因，すなわちある場所で製品の製造を行う場合，他の場所で製造するよりも安価に行うことができる要素である立地因子[7]を追求することになる。

　立地因子の理論的考察は後回しにするとして，生産費の節約につながりそうな要素は，労働費，輸送費，原材料費，燃料費，土地費用をはじめとして，挙げようと思えば文字通り枚挙にいとまがない。ウェーバーは，労働費なら労働費，輸送費なら輸送費というように，ひとつひとつの因子を特定し，相互に独立のものとして取り出し，それぞれが工業立地に及ぼす影響を別々に検討することができるとみなす。チューネンが編み出した「孤立化」を，ウェーバーは方法論において引き継いでいる。論理的必然として，「孤立化」された——本来は無限個であるがここでは有限個とみなさざるを得ない——因子を足し合わせる逆の手続きをとれば，立地主体にとっての環境すなわち全体が復元されるはずである。

　このような，全体は部分の総和であるから「分ければ分かる」という「分析的」発想は，要素還元主義と呼ばれ，近代科学とりわけ自然科学に特徴的な考え方である。人間存在に関する科学的な理解のためには，人体を構成する器官に分けてその働きを明らかにし，さらには器官を構成する細胞に分けて分析し，細胞内部での物質の動きや電位を分析すると

いったアプローチになる。いうまでもなく，社会科学における方法論的個人主義は，この一類型である。福岡（2009）のように，「分けても分からないことがある」ことを認め，全体論に立つ自然科学者もいる。細胞は分子の単なる集合体以上のものだし，器官は細胞の集合体としてのみ理解できるものではない。ましてや，人間存在を器官の集合体とみなすことはできない。したがって，方法論的全体（集団）主義は，全体論の1つである。

　工場経営者が「経済人」という特殊な主体として想定されていることも見逃せない。工場経営者は，費用最小化原則という経済合理性に基づく意思決定をするが，費用最小化原則を徹底するためには，生産費に影響を及ぼす立地因子について網羅的な知識を持ち，それが場所によってどのように異なるかを知り尽くしていなければならない。前章で説明したように，経済人とは，完全情報をもって経済合理性に基づく意思決定をする架空の主体のことである。

(2) 輸送費指向

　ウェーバーは，立地因子の論理的性質を検討し，最終的には輸送費のみを立地因子とした場合の立地法則を打ち立てていく。その手続きを追っていこう。まず，立地因子を一般因子と特殊因子に分ける。一般因子とは，製品の輸送費，労働費，土地費用など，どの工業の立地に際しても多かれ少なかれ影響を及ぼす因子である。特殊因子は，特定の工業の立地にのみ影響を与える因子で，例えば繊維工業における湿度[8]などが考えられる。純粋な工業立地の一般理論の構築を目指すのだから，その努力は一般因子の作用の仕方を究明することに傾けるべきだろう。

　一般因子になりそうなものに限定しても，土地費用，固定資本費用，原材料費，輸送費，労働費，利子率，一般費用（管理・光熱費，租税など）などまだまだたくさんある。目下の目的が工業の立地法則の定立にあることから，ウェーバーは場所による違いが際立っている輸送費と労働費を残して後は捨象する決断をする。さらには，場所による違いに規則性が見出しづらい労働費をひとまず捨象し，距離と重量の関数という単純明快な規則性を仮定できる輸送費のみによる法則の定立を優先すること

した。要素還元主義に立っているので，捨象した労働費はあとで付け加えればよい。

　輸送費のみを考えたことにより，結果として市場や原料産地といった特異点を除けば均質空間が仮定される。そして輸送費＝重量×輸送距離と単純化すると，費用最小化原則に基づく工場の最適立地点は，原料輸送費と製品輸送費の和が最小になる地点にまで単純化される。

　原料輸送費と製品輸送費の関係を分析するにあたり，ウェーバーは局地原料と普遍原料を概念的に区別する。局地原料とは，鉄鉱石や石油のように，特定の場所でしか産出されない原料を指す。局地原料は，さらに製品の中にその全重量が残る純粋原料と，製鉄の過程で燃焼してしまう石炭（コークス）や不純物が取り除かれる鉄鉱石など，生産の過程でその重量が減少する重量減損原料に分けられる。ウェーバーの工業立地論では，機械部品などの中間製品を原料とみなすことも可能であり，その場合，部品類は純粋原料とみなせばよい。

　普遍原料は，理念的にはどこでも産出される原料とされる。空気から窒素，酸素，アルゴンなどを取り出す産業用ガス製造業における空気は，ほぼ完全な普遍原料である。もっといろいろな工業に使われ，かつ現実の対応物として少しでも近いものを日本で探すならば，水になるだろう。

　ここまでおぜん立てした後，原料指数＝局地原料重量／製品重量を計算してやると，その大小によって，工場の立地は「原料立地」「立地自由」「市場立地」の3つに類型化される。

　すなわち，

　原料指数＞1の場合は「原料立地」：製鉄業，セメント工業など

　原料指数≒1の場合は「立地自由」（フットルース）：石油精製業，電気機械器具製造業（組立），医薬品製造業

　原料指数＜1の場合は「市場立地」：ビール製造業，清涼飲料製造業，醤油製造業

　このように，産業分類を前提とせず，演繹の手続きの結果として，立地によって工業が類型化されたのである。ここでは費用最小化原則が輸送費の最小化にまで単純化されていることを念頭に置いて**図4-1**を見れ

図4-1　原料指数と立地類型

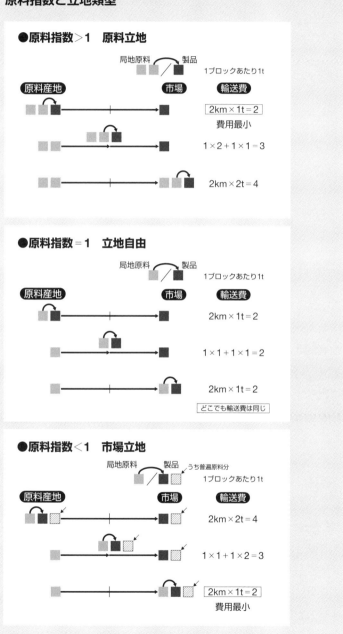

筆者作成.

　　　　　　　　ウェーバーの工業立地論──ある挫折の記録

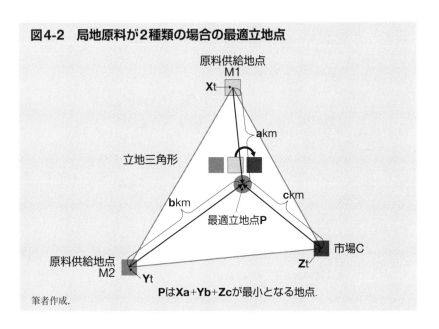

図4-2　局地原料が2種類の場合の最適立地点

原料供給地点
M1

Xt

akm

立地三角形

bkm

ckm

最適立地点P

原料供給地点
M2

Yt

Zt

市場C

PはXa+Yb+Zcが最小となる地点.

筆者作成.

ば，市場も局地原料も1つの場合には，原料指数を基準にして立地が3
つに類型化される理由はすぐにわかるであろう。

　局地原料が2つの場合には，局地原料供給地点M1，局地原料供給地
点M2，市場Cが作る三角形を考え，局地原料M1をXtと，局地原料
M2をYt，工場立地点Pに輸送して加工し，製品Ztを製造して市場Cに
輸送する場合を考える。この時，距離M1-Pをakm，距離M2-Pをbkm，
距離P-Cをckmとすると，Xa+Yb+Zcを最小とする地点に工場が立地する
ことになる（**図4-2**）。これは，計算でも解くことができるが，バリニョン
の機械なるものを使うと，物理的に得られる。円周に△M1M2Cと相似
な三角形をとり，糸の先にX：Y：Zとなるおもりをそれぞれつるす。こ
のとき3つの糸の結び目が来る位置が工場の最適立地点になる。

　市場と局地原料供給地点のいずれかあるいは両方が複数の場合でも，
コンピュータによる反復計算によって工場の最適立地点を求めることが
技術的には可能であるという（杉浦1989）。そのことから考えても，局地原
料3つ以上の場合に比べて，局地原料が2つの場合に特に意味があるわ
けではないと思うが，『工業立地論』およびその後の研究では，2つの局

地原料を使い，1つの市場に製品を輸送する場合がデファクト・スタンダードとされ，「立地三角形」を単位として議論が進んでいく。

4　労働費と集積の導入

(1) 労働指向

　例によって局地原料が2つ，市場が1つの場合を考え，まずは輸送費の総和を最小にする地点を求める。つまりは立地三角形を確定する。この輸送費のみを考慮した場合の立地点から少しでも工場を動かせば，当然ながらそこから離れるにつれて，製品1単位当たりの輸送費は上昇していく。したがって，輸送費のみを考えた場合の最適立地点を中心として，増加する輸送費について等高線のような線が引けるはずである。この線のことを，等費用線と呼ぶ。

　労働費を導入するとは，局地原料供給地点および市場以外は均質な平面に，これまで一定としてきた労働費について，場所による差異があると考えることを意味する。費用最小化原則に従えば，具体的には製品1単位当たりの労働費を削減可能な地点——『工業立地論』の言葉では労働地——を考えることになる。ここで，労働費が周りよりも安いために製品1単位当たり300の費用節約が可能な労働地を2つ考えてみよう（**図4-3**）。等費用線と照らし合わせてみると，労働地Aまで工場を移してしまうと，製品1単位当たりの輸送費は400以上上昇してしまうので，いくら労働費が安い地点でも総費用はかさんでしまう。一方労働地Bの場合には，製品1単位当たりの輸送費増加は200弱であるから，ここに工場を建設すれば総費用は削減できる。つまり，労働費を導入した場合の最適立地点は，B地点ということになる。一般化すると，輸送費のみを考慮した場合の最適立地点から，工場を別の地点に動かしたときに，そこで達成される労働費の節約が輸送費の増加を上回れば，工場は労働費の安い地点に引き寄せられるというのが，労働指向である。製品重量が軽く，労働集約的な製品を作る工場ほど，労働指向が強くなるのは自明であろう。

　　　　　　　　　　　　　　　　ウェーバーの工業立地論——ある挫折の記録

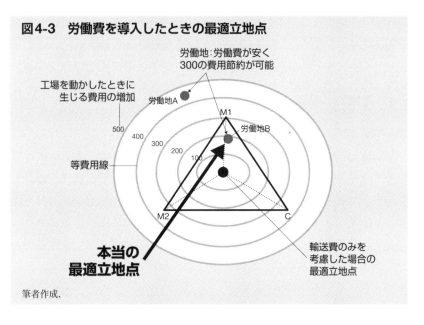

図4-3　労働費を導入したときの最適立地点

労働地：労働費が安く
300の費用節約が可能

工場を動かしたときに
生じる費用の増加

労働地A

M1

労働地B

500

400

300

200

100

等費用線

M2

C

**本当の
最適立地点**

輸送費のみを
考慮した場合の
最適立地点

筆者作成.

　要素還元主義によって立つウェーバーの工業立地論は，立地主体に
とっての環境を相互に独立な立地因子にばらして考え，まずは輸送費以
外を捨象して論をスタートさせた。これが孤立化である。今度は捨象し
ていた因子を追加し，均質空間を次第に不均質化していくと，一歩一歩
現実に近づいていくと想定している。しかし，空間の不均質性が発生す
る要因——労働費についていえば，なぜ，特定の地点において労働費が
安くなっているのか——については，立ち入らないのだという。ウェー
バーの言い分を聞こう。

　さしあたって「純粋」理論全体にとって，どのような理由からこの地
理的な人的能率や賃金の相違が生じ，また，これに基づく労働費の相
違が生ずるかは全く関係がない。とくに，そこでの具体的な高さが単
なる「純粋の」経済現象でなく，非常に複雑な歴史的・自然的事情の錯
綜した結果であることなどはどうでもよいのである。純粋理論にとっ
てそれはどうでもよい。なぜならこの理論は全く一般的に，このよう
な地理的に決定された労働費の相違がどのような意味を持つかについ

て研究するにすぎないからである。この場合その具体的な高さやその具体的な現れ方はどうでもよいのである（pp.89-90）

「どうでもよい」とはなんとも投げやりだが，ウェーバーの名誉のためにいっておくと，彼は，労働費の場所的差異は「純粋理論にとってそれはどうでもよい」と言っているのであって，あらゆる場合においてどうでもよいと思っているのではない。そればかりかウェーバーは，自らが「分析のための最初の資料と科学的解明の最終の目的」とする「具体的な個別的現象」を説明するにあたっては，労働費の場所的差異にまつわる問題を最大の課題としていることを，後に明らかにしたい。

⑵ 集積

産業集積という地理的現象は，今も昔も経済地理学者の注目を集めてきた。特に最近では，製造業のみならず，コンテンツ産業や高度なサービス業，研究開発など，モノでないものから価値を生み出す経済活動の集積に関する議論が，経済地理学のホットスポットの1つになっている[9]。『工業立地論』の集積に関する議論は，アルフレッド・マーシャルの「産業地域」と並び，今に続く産業集積論の源泉の1つである（松原2006）。

ウェーバーは，純粋集積と偶然集積という2種類の集積を想定する。純粋集積とは，何らかの技術的メリットや経済的な利益が得られるために経営体同士が集まることである。これに対して偶然集積とは，集まることそのものに利益はないが，結果として経営体が集積していることである。同じ原材料を使う複数の工場がお互い無関係に近接していたり，低賃金労働力を求める工場がウェーバーのいう労働地に集まったりすることがこれに相当するだろう。偶然集積は理論的にみてほとんど意味がないので，ここで問題になるのは純粋集積である。

純粋集積をもたらす利益——『工業立地論』においては費用の削減——にも2種類ある。1つはウェーバーが集積の低次の段階とする「単なる経営の拡大による生産の集積である（p.116）」。これは，生産規模が大きくなれば製品1単位当たりの生産費が低下することであるから，普通，経済

学では「規模の経済」として知られている事象に対応する。もうひとつは，ウェーバーが「社会的集積」と呼ぶ「多数の経営が場所的に近接して存在することによる利益(p.116)」である。一般に産業集積論の対象はこちらであり，外部経済が働くことによって生じる集積である。外部経済とは，ある経済主体の行動が他の経済主体にプラスの効果をもたらすことであり，その逆は外部不経済である。ウェーバーが挙げている外部経済は，分業による効率性の増大，大規模取引，一般費用の低下などによる生産費の低減である。直感的にわかることであるが，ウェーバーは輸送費と比較して加工による付加価値の高い工業では，集積の利益が強く働くとしている。

集積の発生についても，労働費と似たような手続きで説明する(**図4-4**)。まずは輸送費のみを考慮した場合の最適立地点を求める。この最適立地点から工場が離れていけば，輸送費はかさんでいく。このとき，集積によって削減が可能になる製品1単位当たりの生産費が分かっているとすれば，それに等しい輸送費の増加の等費用線を，輸送費のみを考慮した場合の最適立地点の周りに引くことができる。それが重なる場合には，集積の利益が輸送費の増加を上回ることになるので，集積が発生するであろう。

『工業立地論』の第5章「集積」に続く第6章「全体的指向」では，生産過程が分割されたり，逆に統合されたりする条件が考察されている。ここでは割愛するが，関心がある向きは，スコット(1996)が展開した生産の集積および分散に関する理論的考察と合わせて読むとよいだろう。

5　日本におけるウェーバー工業立地論の受容

日本においてウェーバーの工業立地論として紹介されるのは，ほとんどの場合が第5章「集積」までである。言い換えれば，ここまでの部分が，『工業立地論』のなかで評価に値し，日本の経済地理学界において受容すべきである部分と考えられてきたのである。山口(1982：100)の「ヴェーバーの問題意識・方法は多くの点で筆者とも共通しており，極論すると

図4-4 集積を導入したときの最適立地点

集積の利益＜輸送費の増加＝集積しない

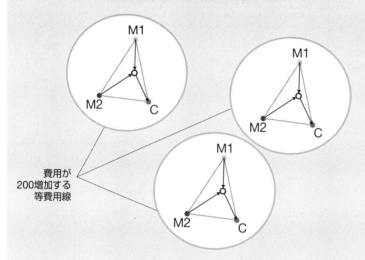

費用が
200増加する
等費用線

集積の利益＞輸送費の増加＝集積する

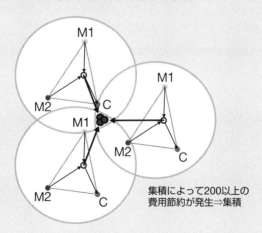

集積によって200以上の
費用節約が発生⇒集積

筆者作成.

ヴェーバーにないのはマルクス主義経済学の概念だけである」という言葉に表れているように，ウェーバーの工業立地論は，よって立つ主義主張の違いを超えて，日本の経済地理学界において，おおむね高い評価を受けてきた。著者自らが，経済地理学ではないとした著作が，事実上経済地理学の基礎理論の地位を占めてきたのは，なんとも奇妙なことである。

　ウェーバーの工業立地論は，要素還元主義によって環境を立地因子の集合体としてとらえ，最小限の仮定から工場の立地という結論に至る因果関係を演繹的に示した。そのことは高く評価されてよいと思う。しかし，そうして生まれたのは純粋理論であり，「今日の資本主義の下での現実的な立地法則(p.10)」ではない。「分析のための最初の資料と科学的解明の最終目的」である「具体的な個別的現象(p.202)」を説明するための道具ではないのである。それにもかかわらず，この純粋理論は，明確に意識された論理実証主義というよりは，素朴な実証主義の枠組みに回収され，工業の立地を大枠では説明できるものと考えられてきたのである。原料指数が1より大きいセメント工業は原料立地，大量の水を使うために原料指数がきわめて小さくなるビール製造業は市場立地，原油が余すところなく使われるために原料指数がほぼ1である石油精製業は原料産地にも市場にも立地する立地自由といったように。

　確かに，重厚長大型産業は原材料や製品が重量物であり，資本集約的な装置産業の性格が強くて労働費がさほど重要でないことから，マクロにみればその立地は立地類型におおむね当てはまる。矢田が考えたように，重厚長大型産業が主導産業であり，かつ国民経済の完結性が強い時代には，その立地を軸に国民経済の地域構造を構想することも妥当だったであろう。主導産業が電気機械に代表される加工組立型産業に移行すると，輸送費の重要性が低下し，労働費の重要性が高まる。その結果起こった工場の地方圏への移転と農村工業化も，形式的には『工業立地論』の労働費指向によって整合的に理解できるものとされた。とはいえ，所与の労働地があり，等費用線を使って輸送費のみを考えた場合の工場の立地点からどの程度ずれているのかを，農村工業化を扱った研究が具体

的に分析してきたわけではない。したがって，低賃金労働力が存在する地方圏に工場が移転したことが労働費指向の説明と矛盾しないとしても，特定の場所に工場が作られるという「具体的な個別的現象」の説明にはならない。

『工業立地論』は，特定の産業がどの立地類型に当てはまるかを判別し，その判別の正確さを経験的に確かめる目的で書かれたものではない。ウェーバー自身は，「具体的な個別的現象」を分析する事実分析が必要であると考えていたとはいえ，工場の立地を個別的に説明することが終着駅であるとは考えていなかった。彼が目指したのは，資本主義という特定の経済体制の下において，経済諸力とくに人口が都市に集中することを説明できる現実的理論を得ることである。第7章『全経済組織の中の工業』では，純粋理論から現実的理論に向けた飛躍が試みられる。

6 ウェーバーの挫折

ウェーバーは，ここまでの純粋理論構築の試みを，以下のように振り返る。

　これまで論じてきたことが総べて，仮定に基づいて——この仮定は最後まで変わらない——その枠の中で確定的な立地像を構築しようとする試みに過ぎなかったことは明らかである。それは，消費地の位置と大きさが所与であり，供給地の位置が所与であり，労働地の位置が所与であって同一の労働費でいくらでも労働が得られるという情況の下での立地像を示し得たにすぎなかった。そのように作りあげられた現実——一層正しくは非現実——のなかで，これまでの理論はそれぞれの工業の個別経営にその確定的な地理的位置を一義的に指示したのであった(p.186)

ウェーバーも自覚しているように，与えられた条件から演繹の手続きを経て描き出される幾何学的経済地理は，非現実である。現実を説明し

うる現実的理論を得るためには，純粋理論の助けを借りつつも，事実研究によって把握される現実そのものに向き合う必要がある。ウェーバーは，その臨界点を探っていく。その試みは，演繹的な体裁を保とうとしているが，経験的事実としての歴史が多分に入り込んできている。

　『工業立地論』は純粋理論の定立を目指してきたが，市場と局地原料の供給地の位置，そして労働地の位置や労働費はあらかじめ与えられており，なぜそこにあるのか，労働費に関していえば，なぜ，その水準であるのかは説明すべきものとはされなかった。しかし，これらもまた，経済の論理によって形成される。資源がそこにあるかないかは，自然の配剤に左右されるが，それが利用されるかどうかは，採掘技術や輸送費といった費用との関係で決まるため，局地原料の供給地もやはり経済の論理によって決まる。そうなると，これらは経済地理学にとって所与とみなされるべきものではなく，本来，なぜ，そこにあるのか解明されるべきものである。

　こうしてウェーバーは，「経済組織の中で工業がそれに向かって絶えず立地指向する消費地，労働地，原料供給地等そのものも——それがそこにあること自体——同じような工業立地指向の結果である(p.188)」ことに思い至る。これこそが，因果関係の迷宮の入り口である。経済地理というものは，経済行為の原因であると同時に結果なのである。『工業立地論』に当てはめて言えば，所与の市場，労働地，原料供給地と孤立化可能な立地因子を原因，工場あるいは工業の立地を結果とする説明の図式に無理があることになる。

　このことを，『工業立地論』のそもそもの目的に立ち戻ってもう少し整理しよう（**図4-5**）。ウェーバーは，都市への人口集中という「結果」を説明しようと考え，その「原因」を工業立地であるとみて，工業立地の法則定立を目指した。この瞬間，工業立地は，何らかの「原因」から説明されるべき「結果」に転換した。『工業立地論』では，工業立地という「結果」を説明するにあたり，市場，原料産地，労働地を所与すなわち「原因」であるとした。ところが，市場，原料産地，労働地は，工業立地の「結果」でもある。とくに労働地に関しては，工業立地の「結果」である人口集中地

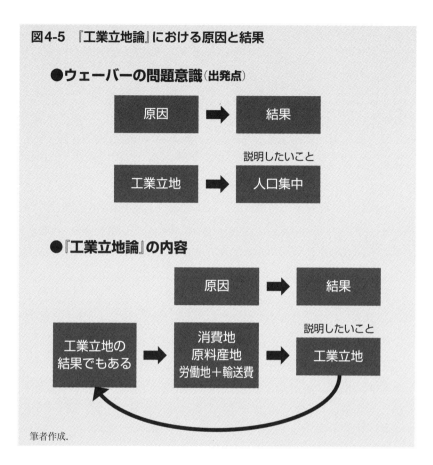

図4-5 『工業立地論』における原因と結果

●ウェーバーの問題意識（出発点）

原因 ➡ 結果

工業立地 ➡ 説明したいこと
人口集中

●『工業立地論』の内容

原因 ➡ 結果

工業立地の
結果でもある ➡ 消費地
原料産地
労働地＋輸送費 ➡ 説明したいこと
工業立地

筆者作成.

と分けて考えることが困難であり，原因と結果の無限循環に陥ることになる。

　原因と結果をきれいに切り分けることができるという考えは，要素還元主義と関連している。要素還元主義において，立地主体にとっての環境＝全体は，複数の立地因子＝部分に分割することが可能であり，立地因子はそれぞれが独立した本質を持ったものとして特定できるとされる。これが孤立化を支える前提である。一般的に言えば，独立変数と従属変数が線引きされ，独立変数間は相互に無関係であると考えられる。しかし，工業立地が従属変数，市場，原料産地，労働地が独立変数という一方向の因果関係は，ウェーバー自身が否定している。そう考えるのであ

れば，独立変数間の独立性も否定するべきである。労働費の高低は輸送費を左右するだろうし，原料の埋蔵地で実際に採掘がおこなわれるかどうかも，労働費によって左右されるだろう。

　このようなもつれた因果関係は，ここまでの理論体系の内部では処理しきれない。そこでウェーバーは――かなり苦し紛れに――歴史を導入し，ある時点の工業立地やそれを含めた経済地理は，以前の状態に対する修正とみると宣言する。「今まで思考上の仮定によって所与とみなしてきた代わりに，時（Zeit）によって与えられたものとみなし（p.188）」というように，新しい所与が設定される。以下の部分もまだ純粋理論の枠内にあるとするならば，導入される「時」は，均質空間と同様に単なる時間の経過といった等質性の高いものであるはずだが，実際には特定の方向性を持った目的論的歴史が持ち込まれている。

　外界から孤立した「孤立国」のような空間を考える。まず，その時々の自然や技術，組織に応じて全人口に必要な農産物を供給する「農業層」が，経済組織の最下の分布層となる（図4-6）。農業層の状態に応じて，農業層のための工業生産を行う「一次的（農業指向的工業）層」が次に張り付き，さらに分業の進展を反映して「二次的（工業指向的工業）層」がこれに重なる。ウェーバーは，ここまでの分布層が定まれば，流通に従事する人口や大半の役人といった「局地的組織層」のあり方も同時に決まるとしている。ウェーバーがこれとは全く異なる分布層と考えるのが，金利生活者，知識階級，芸術家，中央官庁の役人，卸売商人といった「中央組織層」と，「中央組織層」の特異な需要にこたえる商工業である「中央依存層」であり，これらの分布層は大都市にのみみられる。

　農業層を基底として，次々に分布層を積み上げることで，経済地理を把握しようとする試みは，しかし，それ以前の部分で展開してきた純粋理論とはほとんど関係がない。それはさておき，問題は農業層が決まれば工業層が決まるといった，単線的な因果関係――これも要素還元主義である――が，ここでも破綻してしまうことである。歴史的時間が経過し，層が積みあがってくると，例えば農業以外の層によって作られた消費地を中心とするチューネン圏が形成されたり，農業の集約度によって

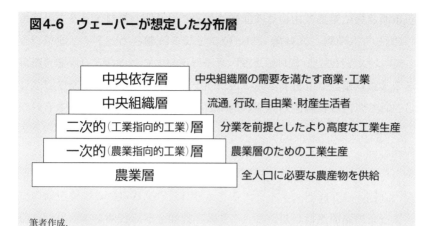

図4-6　ウェーバーが想定した分布層

中央依存層	中央組織層の需要を満たす商業・工業
中央組織層	流通, 行政, 自由業・財産生活者
二次的（工業指向的工業）層	分業を前提としたより高度な工業生産
一次的（農業指向的工業）層	農業層のための工業生産
農業層	全人口に必要な農産物を供給

筆者作成.

農業人口の分布が変わったりといったことが起こる。その時々の自然や技術，組織に応じて全人口に必要な農産物自体が変化し，基底であるはずの農業層が地殻変動を起こしてしまうのである。「かくて経済活動における数多くの循環的動態過程が成立し，それが経済活動の因果分析を困難ならしめている (p.195)」というウェーバーの言葉は，彼自身の挫折のため息のように聞こえる。

このような経済体制の違いを棚上げにした一般的歴史を導入し，かつ分布層間の厄介な相互作用を度外視した場合，市場，原料供給地，労働地は，工業の立地にとって与えられたものとしてよいだろうか，というのが『工業立地論』の最後の問いである。市場と原料供給地については，一応所与としていいだろうとウェーバーは考える。しかし，労働地の分布と労働費の地域差は，経済体制と無関係に説明することができない。純粋理論では到達できない臨界点は，ここに存在する。

経済地理学が本来対象とするべき現実は，幾何学的世界の向こう側にある実在の経済地理である。それを説明する「現実的理論が，歴史的に与えられた経済体制の下での労働力処理の理論でなければならないことは明らかである (p.200)」とウェーバーはいう。『工業立地論』は「われわれは次のことを問わなければならない。すなわち，資本主義の下で労働力が1つの『商品』として扱われる事実が，資本主義の下でのこの『商品』の

地域的配分に対してもつ意味は何であろうか，と。これによってわれわれの現在の経済組織の地域構造のほぼ半ばが明らかになるであろう（p.201）」と結ばれている。つまり，労働力商品化によって成立する労働市場を地域的視点から分析すること，一言でいえば「労働市場の経済地理学」こそが，資本主義の下での地域構造を明らかにするカギであるというのである。

7　ウェーバーの置き土産

　輸送費の意義が低下したことに加え，複数事業所企業を念頭に置いていないことや，経営主体間の競争や協調が扱われていないことといったウェーバーの工業立地論のさまざまな限界が指摘されるようになるのと並行して，日本の工業地理学における考察単位の主流は工場から企業組織あるいは産業集積へと移行してきた。いまでは学会誌に掲載される研究論文において，ウェーバーの工業立地論が実証分析に適用される例はほとんどみられなくなった。しかし教科書レベルではウェーバーの工業立地論はまだまだ健在であり，しかも実証性があるものとして取り上げられている。そのことは，日本の経済地理学者の思考にそれなりに強い方向付けをしているのではないだろうか。

　ウェーバーの工業立地論の説明力が低下したことや，手続きが非現実的であることは多くの人が認識しているだろう。しかし，立地因子そのものを非現実的であると考えたり，立地因子によって工場の立地を説明することに疑問をもったりする人は少ないだろう。少し古いが，山口（1982：85）は「一般理論の特定の枠組のために，方法的に対処可能な現実的な問題をやたら捨象する傾向があるが……多くの特殊因子について労働費指向の方法が適用可能」であると述べた。ここでは，輸送費のみの場合を考え，それに捨象していた労働費を付け加え，さらに捨象していた別の立地因子を付け加え……という手続きによって，抽象的であった理論が具体的な理論となり，現実の工業立地をよりよく説明できるようになると理解されている。

これは，現実は要素還元主義的に把握ができ，独立変数と従属変数を腑分けして，前者でもって後者を一方向的に説明できるとの認識論にたっている。純粋理論ではそのように考えることができるとしても，少しでも現実に近づこうとすると，たちまち因果関係の迷宮に入り込んでしまう。ウェーバーの躓きの原因はそこにあった。

　要素還元主義のようなシステマティックな思考は，例えばプログラミングの場面においては有効——というか必須——である考え方である。日常の問題解決の場面においても，いくつかの重要な要素をピックアップしてそれ以外のかく乱要因を捨象することが思考の節約になることは多い。これからAIが導入されると状況が全く変わってくるかもしれないが，これまで工場の立地は，神ならぬ人間の思考能力の範囲内で決定してきたのだから，取り扱い可能な有限個の立地因子から，立地を説明する枠組みが有効な場合もあるだろう。しかし，個別の工場あるいは個別経営体の立地を超えて，より多様な経済のつくり出す地理をとらえる際には，そのような思考にとらわれていることはかえって制約になる。ウェーバーがとらえたかったのは，当時のドイツの経済が創り出す地理そのものであったのに，それをあまりに機械論的に認識しようとしたために，挫折を余儀なくされたのである。

　ウェーバーが目指したもの，やり残したことに対し，日本の経済地理学はどう向き合ってきたのか。矢田(1986)は『工業立地論』のうち，第7章「全経済組織の中の工業」を参照し，日本の地域構造を経済史的発展に伴う分布層の重なりとしてとらえようとした貴重な研究である。ただし，工業立地が国民経済の地域構造の骨格を形作っているとはいいがたくなった今，同じような説明の図式が通用するとは限らない。

　労働力商品化によって成立する労働市場を地域的視点から分析するという課題についてはどうであろうか。1980年代以降の日本の経済地理学では，ドリーン・マッシィが『空間的分業』(マッシィ2000)において提起した3つの空間構造の1つである「部分工程型」と組み合わせることで，マルクス経済学サイドの農業経済学者や社会政策学者による日本独自の概念である「地域労働市場」を経済地理学的に鍛えなおした研究が芽生えた

（末吉1999；友澤1999）。地域労働市場とは，農家世帯が労働力供給の主体となっており，全国労働市場と区別される特殊性を持ち，内部に賃金や雇用形態，ジェンダーなどからなる重層構造を持つことに特徴づけられるローカルな労働市場である。経済地理学者は，労働費指向によって地方圏に進出してきた大企業の分工場や生産子会社が，自らを頂点として重層的な下請け関係を形作り，現金収入を求める農家が，農業経営を続けながらも独自の論理に従って労働力を供給することで，重層的な地域労働市場が創り出されていることを明らかにしてきた。特に末吉（1999）は，最上地域における「事実研究」に基づいて，「企業内地域間分業」「地域的生産体系」といった概念を提案し，それとの関連で地域労働市場を経済地理学の色に染め上げた重要な研究である。末吉（1999）の分析枠組みは，ウェーバーのいう現実的理論に近いものかもしれない。

　現実的理論は，その性格からいって，どうしてもその適応範囲が歴史的・地理的に限定されてしまう。企業内地域間分業の空間スケールが国民経済を超えて広がり，地方圏においても，農家が主たる労働力の供給源となるような地域が限定されてくると，地域労働市場とそれにまつわる概念は，学会誌などからはほとんど姿を消してしまった。私は，そのことをもったいないと思い，地域労働市場の概念をより一般化して，現代の経済地理学的研究に生かせるようにしようとしたことがある（中澤2015）。ずいぶん長い論文であるが，これを読めば，地域労働市場という概念に対する理解は深まるであろう。

　最後に私の話をしたい。私は大学院生のころから，何とかして「仕事」——労働というよりは——を経済地理学の観点から分析したいとの考えから，後に『職業キャリアの空間的軌跡』（中澤2008）という本になる研究をしていた。初版が1984年に出ているマッシィ（2000）は，欧米では経済地理学において労働がクローズアップされるきっかけの1つとなり，Peck（1996）やHerod（2001）など，数多くの研究が花開いた。そのような欧米の研究潮流を追いかけるのと並行して，私はようやく『工業立地論』に向き合うようになった。そして，『工業立地論』が労働力商品化とそれに伴って成立する労働市場を地域的視点から分析することを経済地理学の課題

第 4 章

として残したことを知って大いに驚いた。同時に『工業立地論』が絶大な力を持っているにもかかわらず，ウェーバーが「後世の地理学者に，善意をもって残しておいてくれた(柳井2002：24)」この課題に，日本の経済地理学者がほとんど取り組んでこなかったのはなぜかと考えるようになった。

『労働の経済地理学』(中澤2014)は，労働市場において必然的に発生する需要と供給の空間的ミスマッチ，時間的ミスマッチ，スキルミスマッチがどのようにして克服されているのかを，需要と供給を媒介する制度や組織に焦点を当てて分析したものである。したがって，日本の文脈において，労働市場を地域的視点から分析するというウェーバーの課題に答えようとしたものであるといえるが，理論的にあいまいな部分や分析が不十分な部分を数多く残している。その後，私の関心は，労働市場の経済地理学的分析を超えて，労働力商品化あるいは(ポスト)資本主義の経済地理学とでもいえる方向を向いている。到達すべき地点は見えていない。しかし，「この小さな書物は結論ではなく出発点なのである(p.14)」というウェーバーの言葉を大事にして，進んでいきたいものである。

1) ドイツ語の音写としてはこちらの方が正しく，山本先生は講義でもそのように発音しておられた。
2) 経済地理学の教科書では，本筋と関係する形でマックス・ウェーバーが登場することはまずないが，本書ではこれから重要な役回りをすることになる。すべてマックス/アルフレッドと付すと煩雑になるため，文脈からは区別が難しい場合において，M.ウェーバー／A.ウェーバーとかき分けることにする。
3) ウェーバー(1986)では，ゲオルグ・ピックと表記されている。
4) 本章でページのみ記されている場合は，ウェーバーの『工業立地論』からの引用である。
5) しかし，日本のマルクス主義経済地理学者は，ウェーバーの工業立地論を資本主義的理論であるとみなす傾向にあり，そうした認識に立って，合理性を至上命令として資本主義の無政府性を覆い隠している(鴨澤1960)，個別企業(私経済)の利潤追求を助ける技術論として資本弁護論的性格を持っている(森滝1971)，といった批判がしばしば展開された。佐藤(1975)は，ソビエト連邦の集権型計画経済にみられる特徴の1つとして，現物(物量)単位(個数，トン，キロワット時，平方メートル，メートルなど)で表示された数量計画化を挙げている。そうした現物単位の計画経済が重視されたのは，工業化に当

たって基礎素材や機械設備といった生産財工業を優先的に発展させる必要があったため，物量による定量化がなじみやすかったという現実的背景と，利潤ではなく物量を指標とすることで，商品生産と市場支配を排除していくというイデオロギー的要請とによっていたからであるという。そうだとすれば，ウェーバーの工業立地論はむしろ社会主義計画経済に親和的であるとすらいえる。

6）『工業分布論』（ヴェーバー1938）の原著（1914年）は，『工業立地論』よりも後（1909年）に出版されているが，早くも戦前に翻訳・刊行されている。『工業分布論』の副題は，「立地の一般的および資本主義的理論」であり，労働力商品化と労働市場の展開，そしてその結果生ずる都市への人口集中を具体的な歴史的文脈において論じるなど，現実的理論をにおわせる内容を含んでいる。しかし，訳者である江澤譲爾もそう判断しているように，現実的理論の完成形にはまだかなりの距離がある。

7）ウェーバー（1986）では，「立地要因」と訳されているのだが，ほとんどの教科書では「立地因子」と呼びならわされてきた。これは，解説書である伊藤（1970）の方が先に流布していたからであろうと予想する。私も「立地因子」という表現に親しんできたので，それに倣う。

8）高校の地理でよく教えられている，イギリスにおいて，乾燥したヨークシャーには毛織物工業が立地し，湿潤なランカシャーは綿織物が立地するといったものである。

9）本書では立ち入らないが，産業集積に興味がある人には教科書として山本（2005b）をお勧めする。

［文献］

伊藤久秋（1970）：『ウェーバー工業立地論入門』大明堂。

ウェーバー，A.著，篠原泰三訳（1986）：『工業立地論』大明堂。

ウェーバー，A.著，中道寿一監訳（2013）：『「歴史よ，さらば」──戦後ドイツ再生と復興におけるヨーロッパ史観との決別』福村出版。

ヴェーバー，A.著，江澤譲爾訳（1938）：『工業分布論』改造社。

鴨澤巌（1960）『経済地理学ノート』法政大学出版局。

佐藤経明（1975）：『現代の社会主義経済』岩波書店。

末吉健治（1999）：『企業内地域間分業と農村工業化』大明堂。

杉浦芳夫（1989）：『立地と空間的行動』古今書院。

スコット，A.J.著，水岡不二雄監訳（1996）：『メトロポリス──分業から都市形態へ』古今書院。

富田和暁（1991）：『経済立地の理論と実際』大明堂。

友澤和夫（1999）：『工業空間の形成と構造』大明堂。

中澤高志（2008）：『職業キャリアの空間的軌跡──研究開発技術者と情報技術者のライフコース』大学教育出版。

中澤高志（2014）：『労働の経済地理学』日本経済評論社。

中澤高志（2015）：地理的労働市場。『人文科学研究所紀要（明治大学）』76：241-271。

福岡伸一（2009）：『世界は分けてもわからない』講談社。

フーコー，M.著，渡辺一民・佐々木明訳(1974)：『言葉と物――人文科学の考古学』新潮社。

マッシィ，D.著，富樫幸一・松橋公治監訳(2000)：『空間的分業――イギリス経済社会のリストラクチャリング』古今書院。

松原宏(2006)：『経済地理学――立地・地域・都市の理論』東京大学出版会。

三ツ石郁夫(1998)：「初期アルフレート・ヴェーバーにおける労働問題の意義」『彦根論叢』315：191-208。

森滝健一郎(1971)：「現代地域科学批判序説」『経済地理学年報』17：1-18。

矢田俊文(1986)：「産業構造の展開と経済の地域構造」川島哲郎編『経済地理学』朝倉書房：15-40。

柳井雅人(2002)：「ウェーバーの工業立地論」松原宏編著『立地論入門』古今書院：18-26。

矢田俊文(2015)：『矢田俊文著作集第二巻　地域構造論(上)理論編』原書房。

山口不二雄(1982)：「立地論ノート――経済地理学における立地論の評価」『法政大学文学部紀要』28：57-100。

山本健兒(1994)：『経済地理学入門――地域の経済発展』大明堂。

山本健兒(2005a)：『新版　経済地理学入門――地域の経済発展』原書房。

山本健兒(2005b)：『産業集積の経済地理学』法政大学出版局。

Herod, A. (2001)：*Labor Geographies: Workers and the Landscape of Capitalism*. New York: Guilford.

Peck, J. (1996)：*Work-Place: The Social Regulation of Labour Markets*. London: Guilford.

第 **5** 章

クリスタラーの
中心地理論
——逸脱の軌跡

1 都市とは何か

　クリスタラーの中心地理論は，都市の分布と数に関する法則を定立し
ようとした試みである。ところで，都市とは何であろうか。このことは，
都市を扱うさまざまな学問において，散々論じられてきたが，誰もが納
得する定義を都市に与えることは，経済地理学とは何かを定義すること
と同じくらい難しい。そこで，ここでも，教科書的な定義を示すことで
我慢していただきたい。

　都市とは，人が集まって住む集落の一形態であり，都市と対照的な集
落の形態は，村落である。都市と村落を区別するポイントは——いずれ
も量的基準が非常にあいまいなのだが——，そこに集まる人口「規模」の
大きさ，人口および経済活動の高「密度」性，そしてそこで行われる経済
活動が主として第2・3次産業であることである。農林水産業に相当する
第1次産業を欠いていることから，都市とは，住民の生存に必要な食料
の大半を他地域に依存している集落と定義することもできる。都市はま
た，村落にはない中心性をもつ。つまり，都市とは，周囲の地域に対し
て政治的・経済的・文化的中心であり，交通・物流・情報の結節点とな
る集落である。そしてこの中心性こそ，クリスタラーが都市の本質であ
ると見定めた特徴なのである。

　もっと早く言っておくべきであったが，地理学の対象は何であっても
よい。実際に，地理学の世界では，経済地理学，政治地理学，社会地理
学，文化地理学，人口地理学といったように，個別科学の対象を冠した

さまざまな「冠地理学」が成立している。また，地理学は，独自の方法を持っているわけではない。本書では，法則定立的な立地論という独特の方法にフォーカスしているが，地誌学的な経済地理学も当然存在する。クリスタラーも「経済地理学がどこからその法則を抽きだしてくるかは，経済地理学にとってはどうでもよいことである（クリスタラー1969：386）」と述べている。地理学は対象や方法ではなく，ものの見方，地理学的な分析視角によって性格づけられる学問である。地理学的な分析視角とは，ものごとの位置や分布，地域性や地域差，地域と地域の結びつき，主体と環境との関係などに着目することを意味する。もちろん，こうした地理学の性格付けも，人によって違うだろう。はっきりそう言っているか，暗黙の裡に考えているかはともかく，地理学の対象は景観を構成する要素，あるいは地図に落とし込める要素に限定すべきだと考える地理学者は，依然として少なくないように思う。しかし私に言わせれば，目に見えないカネや情報の流れや，景観に現れず地図化もできない地域の個性，人々がまちや地域，国に対して持っているイメージといった想像の地理などを地理学の対象から排除してしまうと，地理学は窮屈で面白くない学問になってしまう。

　それはともかく，地理学的な視角から都市をとらえるにあたっては，大きな分岐点がある。それは，都市を点とみるか，面とみるかである。Google mapを見てみよう。日本全国が画面に映し出される縮尺だと，東京は，大阪や福岡などと同様に，点として表示される。ズームアップしていくと，品川，渋谷，新宿，池袋，上野といったまちやそれをつなぐ鉄道や道路が見えてきて，さっきまでは点に過ぎなかった東京が面として目に飛び込んでくる。さらに縮尺を大きくしていくと，品川，渋谷，新宿などの東京を構成するまちも点から面へと広がっていく。このように，研究者がそれぞれの関心事や問題意識にそって空間スケールを設定することで，都市を点とみるか，面とみるかは決まる[1]。

　都市を点とみる研究は，教科書的には都市システム研究と呼びならわされてきた。都市システム研究の目的は，都市と都市との結びつきや関係のもつ重層構造や階層性を明らかにすることである。都市システム研

究は，都市地理学や経済地理学に関する多くの教科書が丁寧に解説しているから，興味があれば自習してもらえばいい[2]。いまでは，都市システム研究の関心は，一国スケールから世界都市が構成するネットワークに移行しつつある（埴淵2008）。

　都市を面とみる研究は，点とみる研究よりもバリエーションが多く，たとえば都市社会地理学では，面的な広がりを持った都市の内部にみられる様々な場所的な違いがどのように生まれるかを問題にする（ノックス・ピンチ2013；神谷2018）。第3章で扱ったチューネンの農業立地論は，対象を農業に限定している時点では，市場である都市は点として扱われていた。農業立地論によって示される位置地代を都市内部の土地利用に拡張していくと，都心から離れるにしたがって低下する地代曲線が導かれる。これによって，都心にはアクセシビリティの高さが重要で地代負担力が高い企業の本社や金融機関，デパートなどが立地し，離れるにしたがって広い土地を必用とし，地代負担力が低い土地利用が展開するという，都市内部の同心円構造が説明されるのであった。つまり，土地利用一般に拡張したチューネンの理論では，都市は面として見えてくるのである。

2　中心地理論と理念型

　本章で取り上げるクリスタラーの中心地理論は，都市を点とみる研究の代表格であり，都市システム研究の最も重要な源泉である。日本に限っていえば，クリスタラーおよびレッシュ——本書では割愛する——に端を発する中心地理論については，森川（1974, 1980, 1988）や林（1986）などの研究者が，本当に頭の下がる情熱を傾けて探求してきた蓄積がある。クリスタラー自身，自らの理論をより体系だったものにしようと，第二次世界大戦後にも研究を続けてきた。そうした著作もカバーするべきなのであろうが，本章では，クリスタラーの学位論文に相当する1933年の著作（クリスタラー1969）にほぼ限定して，議論を進める。

　今回の主人公，ヴァルター・クリスタラーは，南ドイツ・シュバルツバルトの小さな町で1893年に生を受けた。シュバルツバルトとは，「黒

い森」という意味で，それほど高くない山地である。クリスタラーは，筋金入りの地図マニア，地理少年であったといってよい。彼は，地図に架空の国境を書き込み，その人口を集計したりしていたという。同じような規模の都市が規則的に分布しているのはなぜかという中心地理論に結びつく問いも，地図を眺めているうちに突然得られたようである[3]。

クリスタラーは学部生時代，ハイデルベルク大学で経済学を学び，A.ウェーバーの工業立地論の講義を受けたこともあったらしい。しかし，大学を卒業することなく第一次世界大戦に従軍している。その後，大学に入りなおし，1932年にエアランゲン大学でグラートマンの指導の下で学位を取った時には，すでに40歳近かった計算になる。学位論文は，その翌年，『南ドイツにおける中心地点——都市の機能を備えた集落の分布と発展との法則性に関する経済地理学的研究』という長い副題を伴う本として出版されたが，邦題は『都市の立地と発展』(クリスタラー1969)というあっさりしたものである。

クリスタラーによると，この本の研究課題は，「南ドイツにおける諸都市の規模・数および分布の事実を確かめ説明するという全く具体的な課題(p.7)」である。伝統的な地理学のアプローチでこの課題に取り組もうとする場合，地形などの自然条件や歴史的蘊蓄などを総動員して，ある地点に都市が存在することを個別的に説明していくことになる。クリスタラーはそのようなやり口に不満を抱いている。彼に言わせると，それでは客観的にいって有利な場所に都市がないことや，どう見ても不利な場所に都市があることをうまく説明できない。クリスタラーの信じるところによれば，都市にはその配列を支配する何らかの原理が存在するのだが，われわれはその原理を認識できていない。こうして，南ドイツという限定を超えて，都市の配列に関する普遍的な法則の定立に向かう伏線が引かれる。

都市の配列に関する原理なるものがあるとして，問題はそれをどうつかみ取るかである。クリスタラーは，純粋に演繹的な理論としてそれが得られると考え，自身の研究をチューネンの農業立地論，A.ウェーバーの工業立地論に続くものと自負する。クリスタラーは，自身の理論観に

ついて以下のように語る。

　理論というものは，具体的な現実がどのような現象を示すかとは全
く無関係に，その論理と「意味適合性」(Sinnadäquanz)とによってのみ妥
当性をもつものである。かくして，このようなそれ自体として妥当す
る理論に現実が対比される。このような対比によって，現実が理論に
どの程度まで対応し，したがってどの程度まで理論によって説明され
るか，また，現実がいかなる点で理論と合致しないか，いかなる点で
理論によって説明できないかが，明らかとなる(pp.7-8)。

ここでクリスタラーが念頭に置いているのは，A.ウェーバーの兄であ
る大社会学者，M.ウェーバーの「理念型」である。理念型とは，複雑多
様な現象の中から特定の要素を抽出して作り上げられた理論的構築物の
ことである。『社会科学と社会政策に関わる認識の「客観性」』(ウェーバー
1998)から，関係個所を引用してみよう。

　抽象的経済理論は……交換経済的社会組織，自由競争，および，厳
密に合理的な行為の下で，財貨市場において繰り広げられる事象の理
想像を提供してくれる。思考によって構成されるこの像は，歴史的生
活の特定の関係と事象とを結びつけ，考えられる連関の，それ自体と
して矛盾のない宇宙(コスモス)をつくりあげる。内容上，この構成像は，
実在の特定の要素を，思考の上で高めてえらえる，ひとつのユートピ
アの性格を帯びている(pp.112-113)。

これだけではわからないだろうから，いくつか例を挙げてみよう。引
用文からもうかがえることとして，経済学が想定する市場，つまり無数
の匿名的な売り手と買い手が価格だけをシグナルにして売買をするとい
う場は，「どこにもない場所」というもともとの意味においてユートピア
であり，理念型である。国家論でいう社会契約説も理念型といえる。社
会契約説は，市民は国家に対して自然権の一部を譲り渡す代わりに庇護

を得る契約を結んだとする考え方だが，そのような具体的な契約は，歴史上あったためしがない。M.ウェーバーその人のものとしては，合法的支配，伝統的支配，カリスマ的支配という支配の諸類型がある。

　他国については知らないが——恐らく日本同様だろうが——，日本の社会科学では，M.ウェーバーの業績に関して，外野から見ればこんな細かいことまでああだこうだいうことに何の意味があるのかと感じざるを得ない，微に入り細をうがった議論が膨大にある。理念型についても同様なので，先に挙げたごく簡単な定義や場当たり的な例を超えて，「理念型とは何か」を語ることにはしり込みしてしまう。そのため，「理念型とは何ではないか」を提示することで，もう少し理念型の説明を補っておきたい[4]。

　M.ウェーバーはこういっている。「歴史的実在の認識が『客観的』事実の『無前提な』模写で，あるべきである，またそうした模写が可能である，という見地に立つ者は，こうした理念型概念にいかなる効用をも認めないであろう（ウェーバー1998：116）」。ここからわかるのは，M.ウェーバーが複雑な現実を模写することは不可能であると考えていたことであり，その当然の結論として，理念型は現実の「模写」や現実の「一部分」ではないということである。理念型をシミュレーションと結びつけている論者（例えば仲正2014）もいるが，シミュレーションは模造そのものなので，正確ではないように思う。模造ということでいえば，理念型は自然の一次近似を目指した自然科学のモデルを含むモデル一般をさすものでもない（盛山2013）。理念型はそれを得ることが目的なのではなく，定規のように使うことによって，現実とのずれをとらえ，現実の理解に役立てるための手段である。

　理念型の原語が"Idealtypus"であるため，「理想型」と訳されている場合もあるが，これが誤解を生みやすい。なぜなら，M.ウェーバー自身が「あらかじめ強調しておきたいのであるが，存在すべきもの，『模範的なもの』の思想は，われわれが語る，純論理的な意味において『理想的』な思想形象からは，ここでとりあえず，注意深く遠ざけておかなければならない（ウェーバー1998：116）」としているからである。ここからわかる通り，

理念型は規範や「あるべき姿」を提示するものではない。ドイツ語でいえば，sollen（〜べき）に関わる概念ではなく，あくまでも sein（〜である）としての現実を理解し，説明するための手段なのである。

　M.ウェーバー自身による支配の三類型のように，理念型はしばしばいくつかの類型を伴って提示される。だからといって類型概念としての理念型は，これはカリスマ的支配，あれは伝統的支配といったように，現実を分類するための「整理棚」ではない。純粋な合法的支配による官僚制国家はあり得ず，現実の国家は特定の政治家のカリスマ的支配や，伝統的支配の権威に頼って国民を支配している。それを特定の類型に押し込めて整理することは，現実の理解にはむしろ役立たない。

　最近はそこまで顕著ではないとはいえ，伝統的に日本の社会科学は，マルクスとM.ウェーバーを主な参照軸として進められてきたといっても過言ではない（例えば，内田1972；佐久間1984）。方法論的全体主義に立つマルクスと，方法論的個人主義に立つウェーバーの関係をどうとらえるかもまた，大塚史学と呼ばれる歴史学の潮流を中心に真剣に検討されてきた（恒木2013）[5]。マルクス主義経済地理学が日本の経済地理学を牽引してきたように，賛否両論はあったにせよ，マルクスは多くの経済地理学者に読まれ，参照されてきた。これに対してM.ウェーバーは，全く無視されてきたといってよい。国民経済の地域構造論には，国民経済内部の地域的分業体系という方法論的全体主義的視点と，A.ウェーバーの工業立地論をはじめとする方法論的個人主義的視点が併存しているため，両者をどう整合させるかをもっと真剣に議論するべきであった。産業という帰納的類型概念を持ち出し，同じ産業に属する経済活動は似たような立地をして産業地域が形成されるという論理でその難題を処理し，百家争鳴のM.ウェーバーは，するりとすり抜けてしまったのであった。

　理念型は，現実の「模写」でも「あるべき姿」でも「整理棚」でもない。そのことは，立地論の理論としての性格を考え，なぜ立地論を学ぶのかを自覚するにあたって重要な示唆を与えてくれる。しかし，経済地理学のどの教科書を紐解いても，クリスタラーの中心地理論を解説している部分で，一言二言を超えるレベルで理念型に関する記述を見つけること

はできない。以下では，クリスタラーの中心地理論を理念型との関係において検討していく。結果として私たちは，中心地理論が理念型とはかけ離れた方向に進んでいき，それが廻り廻ってクリスタラーの人生に暗い影を落とすことを知るだろう。

3　中心地理論の基礎概念

　理念型は，「その特性において意義のある特定の特徴を，実在から抽出して，統一的な理想像（ウェーバー1998：115）」にまとめ上げたものである。その出発点において，クリスタラーは理念型の概念に忠実である。彼は，都市の景観や人口規模ではなく，都市の特定の特徴である「中心性」に着目するのである。中心性とは，中心的な財やサービスなどを周辺に供給する機能である。中心的な財やサービスというとき，村落でも手に入るようなきわめて基本的なものは含まれない。他方で中心性の概念は，経済活動のみならず文化・保健・政治などの領域において，都市が周辺地域に及ぼす公共サービス的な機能も含んでいる。

　クリスタラーは，それぞれの都市は，人口などによって測定される「規模」とは必ずしも比例しない「意味」の大きさがあると考えた。その「意味」が，イコール「中心性」である。このことからわかる通り，都市がそこにあるもの――実在――であるとしたら，クリスタラーのいう中心地は，都市のもつ特定の特徴を思考の力によって高めて得られた理念型である。中心地から財・サービスの供給を受ける区域は，補完区域と呼ばれる。意味すなわち中心性のうち，人口に比例した部分を絶対的意味，過剰分を相対的意味とするならば，中心地は意味が過剰であり，補完区域は意味が不足している区域である。

　クリスタラーは，自らの著作が経済学理論に裏打ちされていることを盛んに主張する。クリスタラーが対象とする資本主義的都市は経済活動の舞台であり，当然そこでは財・サービスの生産も盛んにおこなわれる。それにもかかわらず，財・サービスの分配に関わる中心性に，ことさら焦点を当てる判断をしたのはなぜなのか。クリスタラーの見解では，

A.ウェーバーの『工業立地論』でいう「市場立地」の製造業があることはあるが，中心地は賃金や地価が割高になるという不利益が働くため，中心地で生産されることが最大の利益を生む財はまれである。そのため，「主として問題になるのは，生産ではなくて，中心的な場所に結びついているところの財貨と用役との供給(p.27)」となる。中心地理論が商業・サービス業の立地論とみなされているのは，このためである。

　この後，クリスタラーは鋭い指摘をする。消費者が中心地を訪れて消費するのは，1つの歴史的形態に過ぎないというのである。中世では，行商人や鋳掛屋，旅芸人など，財やサービスを供給する側が家々を周っていた。そしてクリスタラーにとっての「今」である1930年頃のドイツにおいて，通信販売が増加しているのは，中心地を媒介しない財の供給が再び活発化しつつある兆しだという。「一方の形式が他の形式よりも高級な形式または進歩した形式であるということは，ア・プリオリに断定することはできない(p.29)」という言葉は，安易な発展段階論に飛びつくことへの戒めとして，心にとどめておきたい。

　現段階においては，中心地からの財・サービスの供給が主流であることを認めた場合，消費者は特定の財を手に入れるために距離をいとわず中心地にやってくるだろうか。クリスタラーはそうは考えないし，現実的にも距離の限界があるだろう。消費者が中心地で供給される財・サービスを入手するために往復してもよいと考える距離の限界を，財の到達範囲の上限と呼ぶ。中心地において特定の財が供給されるには，財・サービスを供給する経済活動が経営として成り立つことが条件となる。中心地における財の供給が成り立つ最小限度の販売量のことを，財の到達範囲の下限と呼ぶ。需要が均等に分布していると考えれば，販売量は中心地からの半径に置き換えることができるので，到達「範囲」という言葉で表現しているようだ。

　ある中心地において，財の到達範囲の下限が上限を上回るような財は，その中心地からは供給されない。財の到達範囲の上限が下限を上回っている場合には，その財を供給する経済主体は正常利潤を超えた大きな利潤である超過利潤を得ることができる（**図5-1**）。完全競争を前提とすれば，

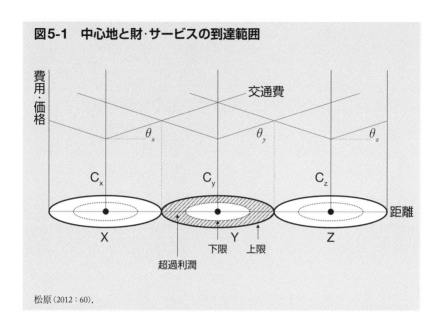

図5-1　中心地と財・サービスの到達範囲

費用・価格

交通費

θ_x　　θ_y　　θ_z

C_x　　C_y　　C_z

距離

X　　Y　　Z

下限　上限

超過利潤

松原（2012：60）.

　超過利潤が発生している中心地には新規参入が起こって財の到達範囲の上限と下限が一致し，やがて超過利潤は消滅する。クリスタラーの中心地理論は，財の到達範囲の上限を基本的な制約条件として組み立てられており，財の到達範囲の下限に関する理論的検討は不十分であるとされるが，一応このように考えて，もっぱら財の到達範囲の上限について考えればよいこととする。

　ここまでの議論からも予想される通り，財の到達範囲は財の種類によって異なる。つまり，財には階層性がある。コンビニで売っているような日用品や食品は，消費者がなるべく近くで済ませたいと思う財であり，文字通り最寄品と呼ばれる。これらは単価が安いが購買頻度も高いので，狭い商圏でも薄利多売で経営は成り立つ。これに対して宝飾品や時計，高級衣料品などは，いろいろと見比べて吟味するためなら遠くまで出向くこともいとわない買回品である。単価は高いが，めったに買わないものであるため，財の到達範囲の下限も大きくなる。広い商圏が必要になるということである。

　中心地理論を展開するうえで重要な概念は以上であるが，少しわき道

にそれて，中心性を帯びた中心地があり，財やサービスの供給を受ける
補完区域がそれを取り巻くという求心構造は，純粋に経済学的に導かれ
るものというよりは，クリスタラーの，あるいはヨーロッパの美意識に
根差しているらしい，ということについて話しておきたい。

　相関的なものの配列の基本的な形態は，無機物の場合でも有機物の
場合でも一つの核，一つの中心を取囲む物質の配置，すなわち求心的
な配置である。このような配置は，いわば人間の思考の形式に過ぎな
いもの，人間の表象の世界にのみ存するもの，配列しようとする人間
の欲求のみから生じたものではなくして，物質の内在的な法則性から
現実に成立しているのである (p.17)

　それゆえに，われわれは，中世の都市の姿を眺めるときに，大きな
悦びを感じ，むしろ満足感を持つのである。これを見ると，通常は集
落の中央にある広場に面して，薬舗・旅館・商店・医院・税務署のよ
うな重要な代表的な建物がならび，広場の目抜きの正面に，または
往々にしてその中央に，堂々とした公会堂があり，雑踏した商店街か
ら多少はなれて，どっしりと教会の本堂が控えていて，聳えたつよう
な目を見はらすような塔を具えている (pp.17-18)

　1つの核・中心を取り巻く物質の集心的配置は，人間がさかしまに考
え出したものではなく物質に内在する法則であるというとき，思い出さ
れるのは原子の構造や太陽系である。クリスタラーは，自分たちの生活
の舞台であるヨーロッパの都市や集落 (円村) が求心構造をなしているのも，
無機的世界にみられる求心構造と同等の必然性をもって，人間の共同体
が普遍的に求める求心性を体現しているとみていたらしい。そして，「け
だし，われわれは，目的と意味とが外部の形態と配置とに適合している
ことを，論理的に整合的なものと認め，したがって美しいものと認める
(p.17)」と述べるのである。
　本当に約四半世紀前の講義のことなので，きわめて記憶があいまいだ

が，杉浦芳夫先生は，レオナルド・ダ・ヴィンチの「ウィトルウィウス的人体図」を示しながら，中心地理論に表れているヨーロッパ的世界観・美意識を説明されたように思う。「ウィトルウィウス的人体図」とは，男性の裸体像が2つの姿勢で描かれ，それぞれの手足に円と正方形が接している構図である。これは，単なる解剖学的スケッチではなく，宇宙と調和した理想の人体のプロポーションを描き出したコスモグラフィーである。エベネザー・ハワードの田園都市のシェーマ[6]もそうであるように，ヨーロッパ人の考える都市の理想像は求心構造であったのだろう。ヨーロッパの都市の求心構造が，実際には「物質の内在的な法則性」によるものではなく，文化的に「あるべき姿」の体現であったことは，日本においては，「天円地方」や風水といった中国文化圏の世界観を反映して，四神相応の地に長方形の「都」が建設されてきたことからも明らかなのであるが。

4　補給原理・交通原理・隔離原理

(1) 前提

　これから説明していくように，クリスタラーの中心地理論——特に補給原理——は，高度に幾何学的であり，基本的には均質空間を前提としていると考えざるをえない体系である。しかしクリスタラーは，まず，中心地の分布，中心性，財の到達範囲などをゆがめる条件をあれこれ取り上げる。つまり，不均質な空間を前提として話を始めるのである。具体的には，人口分布，人口密度，人口属性（所得水準，文化水準など）といった需要の変化や，供給される財の所得に対する弾力性，交通の発達などである。こうした条件の変化の影響については，数値例を使った説明がたくさん出てくるが，いずれも思考実験であり，説明の仕方はどちらかというと定性的で，数学的というよりは算数止まりである。人口密度が高い地域では，お互いの接触が頻繁になり，中心的な財——多分に顕示的なブランド品といったもの——が主観的に高く評価されるようになるため，多く消費されるようになる，といった具合である。興味深いのは，

財の到達範囲の上限を考える際にクリスタラーが念頭に置いているのは，物理的距離，時間距離，交通費といった客観的な尺度ではなく，主観的経済距離であることである。これは，工場労働者よりも農民は移動距離を遠く感じるだとか，映画を楽しみに出かける場合には，いやいや歯の治療に行く時よりも，喜んで遠くまで出かけるのだとかいうことである。ワンストップショッピングについても述べている。「ついで買い」の結果，低次中心地でするべき消費の一部が高次中心地に奪われるため，高次中心地が有利になる。

　このような説明をつらつら続けたあと，クリスタラーはこう宣言する。

　かくして，われわれはこれまでの研究の主要問題に当面することになる。われわれは，個々の具体的な場合に，中心地点の大きさ，数および分布を説明するための諸関係を見出すに止まらず，さらに，法則を求めようと思う。われわれは，一見恣意的に思われるような諸地点の分布，一見偶然的に思われるようなその数，一見単に個別的な条件にのみ従っているように思われるその大きさについて，秩序を示すことを考えるのである(p.75)。

ここから突然議論が抽象的になり，まずは補給原理による中心地体系の演繹的な導出が目指される。クリスタラーは演繹に先立つ仮定を十分に設定していないが，富田(1991：132-133)などを参考にまとめると，①均質空間，②最近隣仮説，③差別化されていない財・サービス，④高次中心地は低次中心地の機能をすべて持つこと，を仮定していると考えればよい。①は均質な需要(人口)が均等に分布しており，交通条件が一様であることを意味する。同じ階層の財・サービスは価格・非価格を問わず差別化されていない(③)ため，消費者はその財・サービスが手に入る最も近い中心地を利用すると仮定される(②)。④は，地方都市では手に入るが，首都では得られないといった財・サービスはなく，中心地の階層性が上がれば，単純に得られる財・サービスのバリエーションが増えていく状況である。

補給原理の中心地配置の原則には，クリスタラーの価値観が色濃く表れている。つまり，客観的ではなく，価値判断が含まれている。上で述べたような仮定の下で，①中心地の数はできるだけ少数にし，②補完区域はできるだけ重ならないようにし，それでいて③どの階層の財についても未供給の領域を発生させないのが原則である。最小の中心地数で空間を補完区域で充たし，すべての消費者がすべての財・サービスの到達範囲の上限に収まるようにするのである。

　クリスタラーは補給原理を経済学的といっているが，そうとはいえない。レッシュ（1968）が考えたように，完全競争・参入自由という条件で企業が利潤獲得競争をすると，むしろ財の到達範囲の下限が問題となる。そうすると，存立可能なぎりぎりの補完区域を伴う中心地が最大限の数分布することになる。序言に「この研究は，もともと，経済学上ないし国家学上の研究として意図されたものである。その場合の指導的な観点は，国家の合理的な行政組織のために，また，国家生活を簡素化するようにドイツの国土を再編成するために，経済学的な基礎を求める点にあったといえる(p. v)」とあるように，クリスタラーの発想は，国土計画や公共政策を念頭に置いたものである。この時点で，中心地理論は，現実を分析するための手段すなわち理念型の枠をはみ出し，「あるべき姿」を求める規範理論へと変質してきていることに注意しよう。

(2) 補給原理の導出

　補給原理を導出してみよう。いま，都市B0から，到達範囲が21kmの商品が供給されるものとする（**図5-2a**）。なぜBから始め，なぜ21kmなのかには一応理由がある。クリスタラーは，「完全な高級の教育機関が在り，専門医院，毎日上映する映画館があり，とりわけ，専門店と専門職人がおり，すでに小規模の百貨店と均一価格店，日刊新聞社，銀行，中央銀行の代理店，ガス工場，高級な郵便局が在る」「地区の主要地点」（Bezirkshauptort）こそが，「はじめて全面的な意味で『都市』の名称に値する(p.200)」とし，それを基準に中心地の配置を導こうとする。そうした「地区の主要地点」は，経験的にいって中世の馬車による1日の旅程にほぼ相

当する21km間隔で分布していたからである。もちろん，純理論的には都市A0，到達範囲xkmでも全く構わない。

　さて，B0と同規模の都市をできるだけ少数で，供給範囲ができるだけ重ならないように，それでいて未供給地域が生じないようにするためにはどうしたらよいだろうか。この比較的単純な図形問題の答えは，一辺36kmの三角格子の頂点に中心地を立地させることである（**図5-2b**）。補完区域同士が重なる部分については直線で分けられる（**図5-2c**）。最近隣仮説により，分けられた区域の住民は，それぞれ近い方の中心地から財・サービスの供給を受ける。こうして到達範囲21kmの財の市場は，B階層中心地によって一辺21kmの正六角形の市場に分割される（**図5-2d**）。

　次に，より低次の到達範囲が20kmの財についてみると，B階層中心地3つが作る正三角形の重心に未供給地域が発生してしまう（**図5-3a**）。どの階層の財についても未供給の領域を発生させない原則を守るためには，未供給地域の中心に到達範囲20km以下の財を供給する中心地K（Kreisstädtchen，地区の小都市）を配置して，未供給地域をなくさなくてはいけない（**図5-3b**）。重複する補完区域は，同様に直線で切りわけられる。こうして，K階層中心地がB階層中心地の市場である正六角形の頂点に立地し，ひと回り小さい正六角形の市場地域を持つようになる（**図5-3c**）。K階層中心地はB階層中心地よりも低次の中心地であるから，B階層中心地が供給する到達距離21kmの財は供給しない。

　あとは同様の手続きを繰り返すだけである。到達範囲19kmの財，18kmの財……と到達範囲を下げていっても，到達範囲12kmの財までは，B階層の中心地とK階層の中心地から供給することができ，未供給地域は発生しない。しかし到達範囲11kmの財になると，B階層の都市1つとK階層の都市2つからなる正三角形の重心に未供給地域が発生してしまう。そこで，ここに新たなA階層中心地（Amt，官庁（所在地））を配置することになる。これをB階層よりも高次の方向にも繰り返してゆくと，階層性を持った中心地がそれぞれの財の到達範囲に応じた六角形の市場地域を持って配置する補給原理の中心地体系が出現する（**図5-4**）。

　補給原理は，市場原理とも呼ばれるが，本当に市場原理が働くとこの

図5-2　B階層中心地の配置

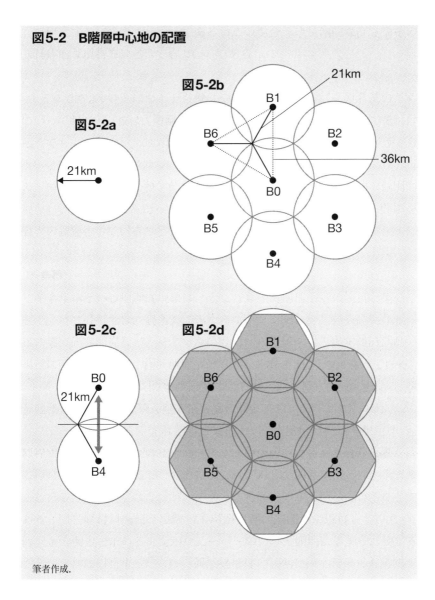

図5-2a

図5-2b

図5-2c

図5-2d

筆者作成.

　ような中心地の配置にはならないので，補給原理で通そう。補給原理に基づく中心地体系では，中心地が持つ補完区域の面積は，1つ高次になるにつれて3倍になる（**表5-1**）。また，中心地が1つ低次になると，中心地および補完区域の数は3倍に増える。このことから，補給原理による

図5-3　低次の中心地（K階層中心地）の配置

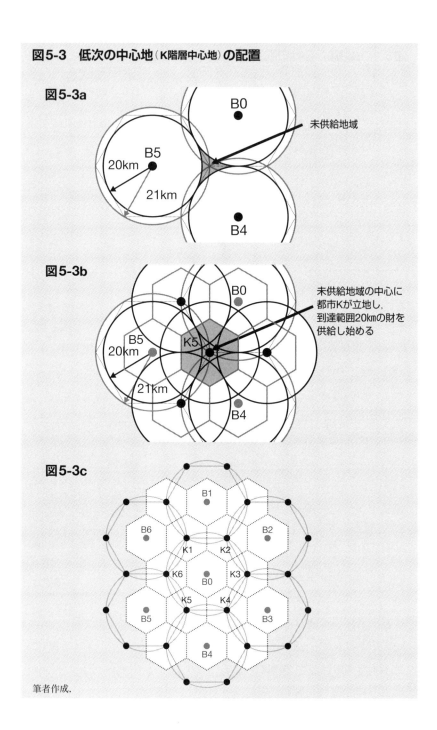

図5-3a

B0

未供給地域

B5
20km
21km

B4

図5-3b

B0

未供給地域の中心に
都市Kが立地し，
到達範囲20kmの財を
供給し始める

B5
20km
K5
21km

B4

図5-3c

B1

B6 B2

K1 K2

K6 K3
B0

K5 K4

B5 B3

B4

図5-4　補給原理による中心地体系

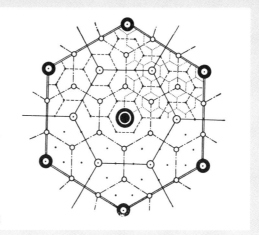

- ◎ G－地点
- ◉ B－地点
- ⊙ K－地点
- ○ A－地点
- ・ M－地点
- ═══ 境界：G－区域
- ─── 境界：B－区域
- ─・─ 境界：K－区域
- ─ ─ ─ 境界：A－区域
- ……… 境界：M－区域

クリスタラー（1969：87）.

表5-1　補給原理による中心地の階層性

階層	中心地数	補完区域数	補完区域 面積（km）	財の 種類数	中心地の 典型的な人口	補完区域の 典型的な人口
M	486	729	44	40	1,000	3,500
A	162	243	133	90	2,000	11,000
K	54	81	400	180	4,000	35,000
B	18	27	1,200	330	10,000	100,000
G	6	9	3,600	600	30,000	350,000
P	2	3	10,800	1,000	100,000	1,000,000
L	1	1	32,400	2,000	500,000	3,500,000

クリスタラー（1969：86）を一部改変.

中心地体系は，K＝3の中心地システムと呼ばれている。後でも出てくる
K＝xという表現は，レッシュが『経済立地論』（レッシュ1968）の第11章「網
状組織」において，クリスタラーの中心地理論における補給原理（K＝3），
交通原理（K＝4），行政原理（K＝7）を，自らが導出した一般化された中心
地体系の特殊解として示す際に用いたものである[7]。

　　　　　　　　　　　　　クリスタラーの中心地理論──逸脱の軌跡

表5-1のうち，最大のL階層からM階層までの中心地数，補完区域数，補完区域の面積までは，クリスタラーが——いくつかは暗黙の裡に——設定した仮定から演繹的に導かれる。しかし，その右に記される財の種類数，中心地の典型的な人口数，補完区域の典型的な人口数は，演繹的に得られるものではないし，K＝3といった規則的な大小関係があるわけではない。中心地の階層と供給される財の種類の数との関係については，根拠が示されないまま具体的な数字が並べられていく。中心地と補完区域の人口数は，「類型的規模の具体的な一層表象し易い概念を与えるために，南ドイツの平均の人口数が掲げてある(p.86)」のだという。これらの数字は，理論的基礎がないだけでなく，経験的な根拠についてもはっきりしない。

(3) 交通原理と行政原理

　図5-4の真ん中にあるG階層中心地から別のG階層中心地に向かう最短距離の交通路を引くことを考えてみると，それは2つのB階層中心地の真ん中を通ることになる。このように，補給原理による中心地の配置では，重要な中心地を結ぶ交通路を引こうとすると，1ランク低次の中心地がそこから外れてしまう。一方，多くの中心地を通るように配慮すると，交通路がジグザグになって，重要な中心地に行くときに迂回を余儀なくされる(図5-5)。

　条件によっては，できるだけ直線的な交通路を引くことが優先され，その交通路の存在を前提として，そこにできるだけ多くの重要な中心地が乗るような配列をもたらす力が働くことがある。これが交通原理である。交通原理が働く場合には，重要中心地を起点とする放射状の交通路に中心地が等間隔に配列されることにより，補給原理より多くの中心地が必要となり，補完区域は六角形にならず不規則となる(図5-6)。また，放射状の交通路は6本とは限らない。補給原理をしのいで交通原理が働くかどうかは，長距離交通と短距離交通のどちらが指向されるかに大きく左右され，人口密度が高く経済的に豊かな地域においては，長距離交通が指向され，交通原理が強く作用するという。

図5-5　補給原理の中心地体系における交通路

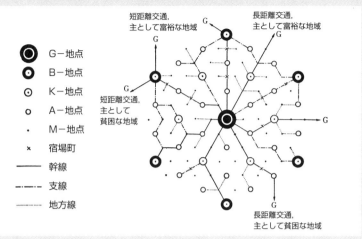

クリスタラー(1969：95).

図5-6　交通原理による中心地体系

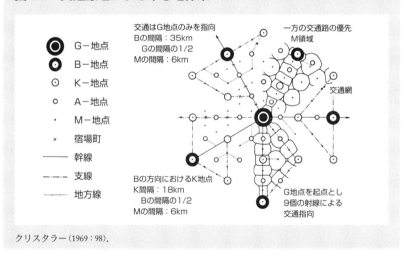

クリスタラー(1969：98).

　クリスタラー(1969)には，交通原理が働いた場合として，放射状の交通路に不定形の補完区域を伴った中心地が並ぶ**図5-6**が示されているが，たいがいの経済地理学の教科書では，交通原理に基づく中心地システム

として，整然とした図が掲載されている。出典が示されていないことが多いが，これはレッシュ（1968：155）から採られたものだろう。交通原理では，1ランク低次になるにしたがって中心地および補完区域の数は4倍になる。そのため，K＝4の中心地システムと呼ばれている。

　クリスタラーは，補給原理・交通原理とは別に隔離原理あるいは行政原理の作用を想定している。隔離原理とは，共同体が敵対する勢力の影響力を排除しようと結束を高めることによって作用する。ドイツでは，ゲルマン人のマルク共同体（共有地を管理する村落共同体）の隔離原理の名残を，いまでも見て取れる場合があるという。近代以降の文脈において，隔離原理は行政原理と読み替えることができる。行政原理の基盤となる行政地域区分は，できるだけ同じ面積と人口を持つ行政地区を設定することが理想とされる。補給原理に基づく中心地の配置をベースとする場合，1つの高次中心地と2つの低次中心地が3つ1組となった行政地域区分がしばしばみられるらしい（図5-7）。

　隔離（行政）原理が支配的な場合には，補給原理に比べて中心地の数が増加し，その配置も補完区域の大きさや形状も不規則になる（図5-8）。1つの高次中心地を6，7の低次中心地が取り囲んでいるが，それぞれの低次中心地の階層は同じではない。この6あるいは7という数字は，演繹的に得られたものではなく，ドイツの行政地域区分の実態から見出される数のようである。

　クリスタラー（1969）には，隔離（行政）原理が支配的に作用した不規則な中心地体系（図5-8）が示されているが，交通原理と同様に経済地理学の教科書では，行政原理に基づく中心地システムが整然と示されていることが多い。これもレッシュによるものである。1ランク低次になるにしたがって中心地および補完区域の数は7倍になるため，行政原理はK＝7の中心地システムということになる。

　こうして得られた3原理のうち，クリスタラーは補給原理と交通原理は経済的な原則によるものであり，理性の権威に基づいているとする。これに対して隔離原理は，政治的な効果を持ち，理性の権威でなく，国家および支配者の権力の権威に従うものであるとする。クリスタラーが

図5-7　補給原理の中心地体系における行政地域区分

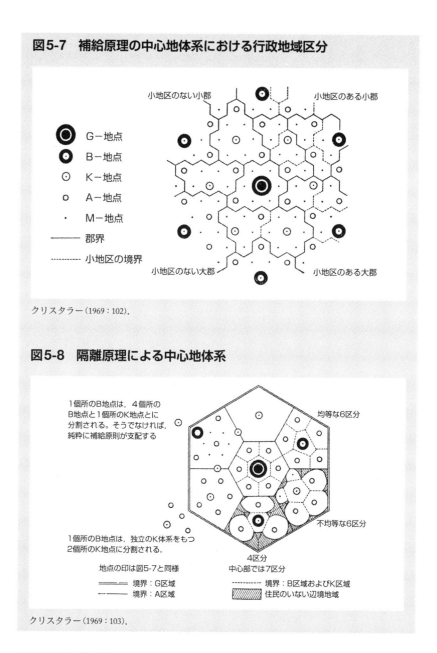

小地区のない小郡　　　　　　　　　　　　小地区のある小郡

G－地点
B－地点
K－地点
A－地点
M－地点
郡界
小地区の境界

小地区のない大郡　　　　　　小地区のある大郡

クリスタラー (1969：102).

図5-8　隔離原理による中心地体系

1個所のB地点は，4個所の
B地点と1個所のK地点とに
分割される。そうでなければ，
純粋に補給原則が支配する

均等な6区分

不均等な6区分

1個所のB地点は，独立のK体系をもつ
2個所のK地点に分割される。

4区分
中心部では7区分

地点の印は図5-7と同様

境界：G区域
境界：A区域

境界：B区域およびK区域
住民のいない辺境地域

クリスタラー (1969：103).

　経済原則を論理整合的で合理的なものとみており，特に補給原理に高評
価を与えていることは，以下の展開からも感じ取れるだろう。

⑷ 研究の方向転換

　補給原理，交通原理，隔離原理を示した後，クリスタラーは「動態の諸過程」という章を置いている。これは，3原理を提示する前に展開された話題，つまりは空間が様々な点で不均質であるときに，中心地の分布，中心性，財の到達範囲がどのような影響を受けるかという話と，内容もその退屈さも似通っている。人口の増加・減少，大都市における高地価・高労働費，財の到達範囲の拡大・縮小，景気変動といった変化が中心地体系に及ぼす影響について，場合によっては仮想的な数字を示しながら説明される。交通費の低下や鉄道の敷設，自動車交通の普及が高次中心地の優位性を高めると指摘されているのは，今日いうところのストロー現象，つまり交通条件の向上によって消費がより規模の大きな都市に吸い上げられ，中小都市が衰退する現象を言い当てていると評価できるかもしれない。

　「動態の諸過程」の終わり付近に差し掛かると，かなり唐突に中心地理論の応用に関する記述が登場する。

　　近代の社会政策的国家は，これら（著者補足：最も有利な条件の実現）の障碍を除去し，生産者ならびに消費者の経済を経済政策的施策を通じて促進することを，その任務とみなしている。したがって，このような経済政策的な施策は，中心地点の現在における規模と分布とを，それが，われわれが理論的に展開したような最高度の合理性を備えた図式に，できるだけ接近するような方向に，統制することであろう（p.160）

　クリスタラーは，合理的な理論——理性と言い換えてもいい——に裏打ちされた地域政策や国土計画の必要性を説く。それを実現するためには，国家は2つの目標を持たなければならないという。1つは「経済の最高の合理性を——経済政策を介して——もたらすこと，したがって純粋の計算問題を経済理論を用いて解くこと」であり，もうひとつは「国家を強化することである（p.162）」。

　振り返れば，クリスタラーの研究は，「南ドイツにおける諸都市の規

模・数および分布の事実を確かめ説明するという全く具体的な課題」として着手されたはずである。ところがここでは，自らが導き出した中心地に関する法則——なかでも補給原理——を，最高度の合理性を備えた図式とし，それによって政策——とりわけ2つの課題の1つ目——に貢献できるとのクリスタラーの自負心が示されている。同時にクリスタラーの研究は，M.ウェーバーの理念型の概念に基づいて着手されたはずである。M.ウェーバーの理念型は，現実の「あるべき姿」ではないのだが，ここでは「べき論」が高らかに謳われている。クリスタラーの研究は，もはやスタート時に思い描いていたゴールとは大きく外れた地点を目指して走っているのである。

　上記の国家の2つの目標に関するクリスタラーの付言には，彼自身の人生に照らすと感慨深い内容が含まれている。2つの目標について，「ソヴィエート連邦ではこれらの目標が認識され，これに従って実践が行われているように思われる(p.163)」とクリスタラーは評価する。クリスタラーは第一次世界大戦から復員後，一時期共産党員であった(杉浦2015)。社会主義革命が成就したソ連への移住が頭から離れなかったともいう(杉浦2003)。クリスタラーは計画経済を1つの理想とする価値観を持っていたのだろう。

　その直後の「いうまでもなく，植民地および十分に発展していない区域では，計画は一連のその他の施策にまで及ぼすことができる。なぜならば，これらの地域では，中心地点の体系が未だ不安定で不完全であり，そのために，特にこの場合に，中心地点の分布理論上の最適条件の知識をもつことが，最大の実際上の意味をもつことになるのである(p.163)」というくだりがクリスタラーの後生の予言そのものであることは，後々わかることである。

　理論編の「結語」は掉尾を飾るにしてはかなり短いが，クリスタラーの考える中心地理論の性格がうかがえる。一般理論とは，あらゆる時代・場所において経済体制とは無関係に成立する理論であり，特殊理論とは，特定の時代・場所の経済体制を前提とした場合にのみあてはまる理論である。A.ウェーバーに倣えば，前者が純粋理論，後者が現実的理論に相

当する，とわざわざ断っているように，ここでクリスタラーは，A.ウェーバーの『工業立地論』と対照させて，中心地理論の性格付けを行っている。

　クリスタラーによれば，中心地理論では，「一般理論の諸要素――例えば，最高度の合理性の原理，中心的供給と分散的供給との対立，財が限定され欲望に際限がないという事実――は，資本主義的理論の諸要素――例えば供給の自由，消費の自由，移住の自由等――から区別されていない(p.171)」という。しかし，ここで示された分類は疑問であり，一般理論の要素とされる欲望に際限がないという事実は，一般的には資本主義的理論の前提となる要素とみなされるのではなかろうか。それはさておき，2つの理論のいずれかを目指さなかった理由は，中心地理論が「特殊の目的，すなわち，南ドイツの中心地点の数・規模・分布という特定の現在の地理的現実を説明する目的に役立つものとされている(p.171)」からであるらしい。要約すると，中心地理論は現実を説明するという目的に対する手段すなわち理念型である，ということになるが，そのことが中心地理論ではあえて一般理論と特殊理論を区別しないということと，どう関連するのかはよくわからない。

　ともかく，クリスタラーが中心地理論に一般理論の性格をまとわせようとしていたことは明らかである。「できるだけ少ない支出(できるだけ少ない費用)で，できるだけ十分な欲望の満足を達成するという，いわゆる経済原則は，資本主義の経済体制でも，社会主義の経済体制でも，有効であり決定力を持っている(p.172)」と述べているからである。最高度の合理性の原理を一般理論の要素に含めていたことからわかる通り，クリスタラーは合理性の追求が持つ普遍的価値を信じて疑わなかったのである。

5　経験的検証へ

　ここまでの展開は，雑然とした部分を含みながらも全体としては演繹的に進んできた。第Ⅱ部『応用篇』以下において，クリスタラーはいよいよ中心地理論を南ドイツの中心地体系の解明という具体的課題に利用しようとする。そのためには，抽象概念の対応物を現実の中に見出し，概

念を操作可能にする必要がある。中心地理論においては，中心性の概念
をどう現実化していくかが課題となる。

　中心性は，複雑な地理的現実として目の前にある都市から，周辺に対
して財・サービスを供給し文化や行政の中心になるという機能のみを取
り出して構成された概念である。中心性のみに着目して現実の都市を見
るとき，都市は中心地とみなされる。このように，中心性や中心地は，
M.ウェーバーの理念型に忠実に即して設定された概念である。中心地の
「意味」とも言い換えられる中心性は，人口などによって測定される都市
の規模とは異なる。そこで行われている経済活動の総和でもない。そう
いう性格を持つ中心性を測定することは可能なのか。

　「しかし，断念する必要はない。一地点の中心地点としての意味を数量
的に算定するための，意外に簡単で十分に精密な方法が存するからであ
る(p.184)」と，クリスタラーは楽観的である。その方法とは，中心地の電
話接続数を数えることである。国による違いはあるが，当時の日本の状
況に照らせば，ドイツにおいても電話は1世帯1台には程遠く，主として
業務用であったろう。したがって，中心地の電話接続数は，中心機能を
担う側とそこから財・サービスの補給を受ける側とがコミュニケーショ
ンする必要性の尺度であるとみなすことはできる，とクリスタラーは考
えた。

　前に中心地の中心性のうち，人口に比例した部分を絶対的意味，過剰
分を相対的意味としたことを引き継いで，クリスタラーは中心地の中心
性を以下のように定式化した。

- $Za = Ta - Ea \times Tg/Eg$

　ここで，

- Za：中心地aの中心性
- Ta：中心地aの電話数(10台)
- Ea：中心地aの人口(400人)
- Tg/Eg：南ドイツにおける人口1人当たり電話数(1/40つまり40人に1台)

　である。電話台数は10台単位，人口は400人単位なので，実際には

- $Za = Ta/10 - Ea/1{,}600$

表5-2 最上位（L階層）の都市の中心性

	住民数	電話数	中心性
ミュンヘン	747,200	50,290	2,825
フランクフルト	688,000	42,100	2,060
シュツットガルト	415,600	28,530	1,606
ニュルンベルク＝フュルト	486,400	26,230	1,346
ストラスブール（フランス）	データなし		

クリスタラー（1969：86）を一部改変.

という計算になる。

　どのような範囲で人口や電話数を集計したのかについてあやふやな点があるが，それには目をつぶって計算していくと，最上位にあたるL階層中心地は，住民約500,000人，電話数25,000～60,000台，中心性1,200～3,000と計算される。L階層に相当するとされたのは，ミュンヘン，フランクフルト，シュツットガルト，ニュルンベルク＝フュルトに加え，フランスのストラスブールである（**表5-2**）。ストラスブールが位置するアルザス・ロレーヌは，歴史的にフランスとドイツが覇権争いを繰り返した地域であり，南ドイツの中心地体系に及ぼしてきた影響は強いと考えられたため，付け加えられている。

　第Ⅲ篇『地域分析篇』では，このように操作的に定義された中心性を基準として，中心地の階層性が見積もられ，5つのL階層中心地について，中心地体系と理論との適合性が検討されている。約150ページにわたる記述では，具体的な都市名とその中心性を示しながら，個別的な事情が羅列されている感があり，なかなか頭に入ってこない。

　長々とした経験的検証の末にクリスタラーが下した結論は，補給原理，交通原理，隔離原理を「中心地点の位置を原則的に，しばしば驚くほど正確に確定するところの，中心地点の分布法則，または聚落の法則と名づけることができる（p.371）」というものであった。なかでも「補給原理こ

図5-9　南ドイツの中心地体系

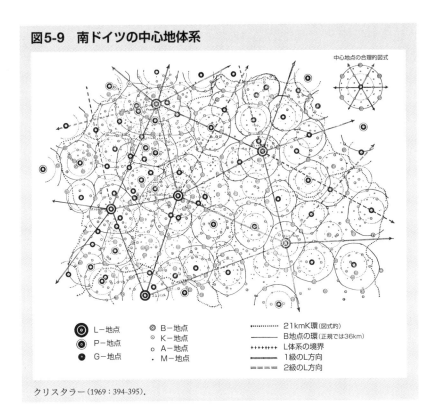

中心地点の合理的図式

凡例:
- ◎ L－地点
- ◉ P－地点
- ● G－地点
- ◎ B－地点
- ◌ K－地点
- o A－地点
- ・ M－地点

- ········· 21kmK環（図式的）
- ── B地点の環（正規では36km）
- ++++++ L体系の境界
- ── 1級のL方向
- ==== 2級のL方向

クリスタラー（1969：394-395）.

そ一次的・基本的な分布法則をなすもので，これに対し交通原則および隔離原則は単に二次的な偏倚をもたらす法則に過ぎない（p.374）」という。そして市場原理，交通原理，行政原理によっても説明できない場合には，歴史的，自然的，文化的な特殊要因を追加することで，中心地の分布が説明される。クリスタラーは，中心地理論が現実の中心地の分布を高い精度で言い当てることができたことの華々しい証明——明証性があるとはとても言えないが——として，**図5-9**や**図5-10**を巻末に掲げたのだろう。つまりクリスタラーは，現実の「あるべき姿」を示すと同時に現実を「模写」できる理論が得られたことを誇っているのである[8]。この終着点は，合理性を信頼し，現実的なものはすべて合理的であり合理的なものはすべて現実的であるとしたヘーゲルに忠実ではあっても，出発点をなしたM.ウェーバーの理念型が目指すゴールとは正反対の方向である。

図5-10　南ドイツにおける中心地と補完区域の分布

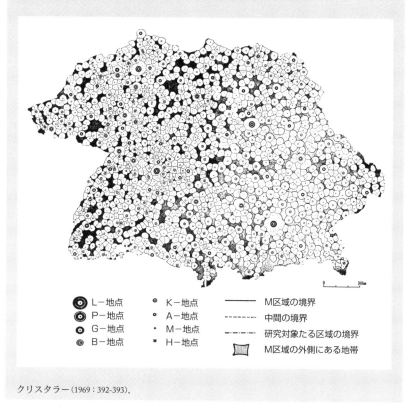

◉ L－地点　　　⊙ K－地点　　　——————— M区域の境界
◉ P－地点　　　○ A－地点　　　- - - - - - - 中間の境界
◉ G－地点　　　・ M－地点　　　-・—・-・— 研究対象たる区域の境界
◉ B－地点　　　＊ H－地点　　　　　　　　　 M区域の外側にある地帯

クリスタラー(1969：392-393).

6　逸脱の果てに

(1) クリスタラーとナチス

　「いうまでもなく，植民地および十分に発展していない区域では，計画は一連のその他の施策にまで及ぼすことができる。なぜならば，これらの地域では，中心地点の体系が未だ不安定で不完全であり，そのために，特にこの場合に，中心地点の分布理論上の最適条件の知識を持つことが，最大の実際上の意味を持つことになるのである(p.163)」

　わざわざもう一度引用したのは，この言葉が本当に感慨深いからである。かつて共産党員だったクリスタラーは，ナチス政権下では危険思想

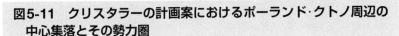

**図5-11 クリスタラーの計画案におけるポーランド・クトノ周辺の
中心集落とその勢力圏**

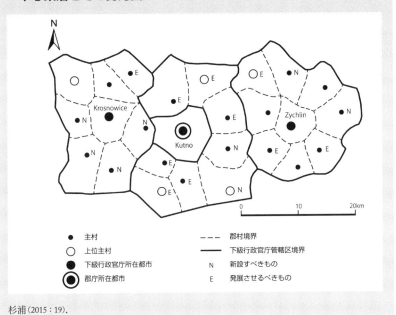

杉浦 (2015：19).

の持ち主と怪しまれ，身の危険を感じたクリスタラーがフランスに一時
的に避難する一幕もあったという（杉浦2003）。ところが，最小の中心地で
全域を補完区域としてカバーしようとするクリスタラーの中心地理論は，
合理的な計画理論としてナチス政権から注目されるに至る。クリスタラー
は1940年7月にナチ党員になり，1940年代前半にナチス政権に雇い入
れられた。そして現在のポーランドにあたるドイツの東方占領地区の地
域計画に関与した。

　杉浦（2015：19）には，現ポーランドのクトノ周辺における中心地の配置
と補完区域の区割りに関するクリスタラーの計画案が示されている（**図
5-11**）。自らの理論の合理性を強く信じ，植民地における地域計画におい
てこそ「中心地点の分布理論上の最適条件の知識を持つことが，最大の
実際上の意味を持つことにな」ると考えていたクリスタラーは，この仕事
とのめぐり逢いを桧舞台に上がる絶好の機会と感じたに違いない。しか

し，クトノはユダヤ人が集住する都市であり，ナチス・ドイツによるポーランド侵攻の最大の激戦地であった。こうして，かつてソビエト社会主義の信奉者であったクリスタラーは，国家社会主義（Nationalsozialismus）の協力者となった。

　ナチスに協力した代償は大きく，クリスタラーは戦後も自らの研究を続けたが，研究者としての職を得ることはできず，経済的に恵まれない生活を余儀なくされた。「例外主義批判」をきっかけに地理学において計量革命がおこると，ドイツの古典的立地論が先駆者として「再発見」され，それまで欧米では無名であったクリスタラーの中心地理論も一躍脚光をあびる。1960年ストックホルムの世界地理学会議（IGC）に彼が招待されたとき，欧米の学者はクリスタラーが在野の学者であったことに驚いたという（杉浦2015）。クリスタラーがナチスの協力者であったことが広く知られるようになったのは，1969年の逝去後の学史研究によってであった。

(2) 中心地理論の意義

　中心地理論は，大きく分けると2つの系統に分かれて発展した。1つはさまざまな前提条件から演繹的な手続きを繰り返し，中心地理論を純粋理論として精緻化する流れである。結果として得られるのは，さまざまなバリエーションの中心地体系であり，それらは現実の中心地の分布の説明を目的としたものではない。どこにもない場所という原義に忠実なユートピアの研究であるから，地理学が現実に関わる学問であるとすれば，この方向性を徹底して行きついた先が地理学であるかどうかは判断が分かれるだろう。

　もうひとつは，現実の都市あるいは都市群を対象とする中心地研究である。クリスタラーの自己評価とは異なり，多くの研究者はクリスタラーの中心地理論は現代の先進国の都市の分布にはほとんど当てはまらないと評価していた。そこで，こうした研究の系譜では，何らかの指標で中心地の勢力圏を測定し，その時間的変遷を追いかけていくことが多い。結果として，クリスタラーが指摘していた高次中心地の優位性が増大する傾向などが見出されている。

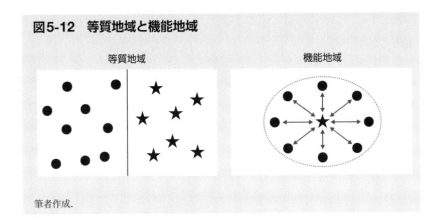

図5-12　等質地域と機能地域

等質地域

機能地域

筆者作成.

　私は，クリスタラーの中心地理論は，存在論的な意義の方が大きいと
考える。地理学における地域概念には，大きく分けると等質地域と機能
(結節) 地域がある (**図5-12**)。等質地域とは，同一の性質を示す空間が，境
界線を挟んで異なった性格を持つ空間と接することで成立する地域であ
る。例えば中国において，北部は畑作地域でコムギを主食とし，南部は
稲作地域でコメを主食とする，といったような感じである。現実的には，
一本の境界線でスパッと区分されることはあり得ないが，概念的にそう
考えるということである。機能 (結節) 地域は，複数の地点が何らかの中心
と機能的に結びつくことで成立すると考えられる地域である。クリスタ
ラーの中心地理論における補完区域の考え方はこの好事例であり，第二
次世界大戦後に中心地理論が浸透するにつれて，地域概念として機能地
域の意義が高まっていった。

　時代の現実としても，産業，交通・通信の発達により，ヒト，モノ，
カネ，情報の流動がきわめて広範囲に及ぶようになるにつれ，中心/周
辺構造や階層構造が重要になりつつあった。そうした現実が，クリスタ
ラーの示すシステマティックな中心地体系と重ね合わせて理解されてい
く。伝統的な人文地理学においては，地域を自給自足的に閉じた共同体
の器として実体論的にとらえてきた。中心地理論が経済地理学の標準的
な教育カリキュラムに組み込まれたことにより，入れ子状の空間構造が
経済地理学者の脳裏に刷り込まれ，それによって関係論的な地域像や空

間構造を想定しやすくなったことは，クリスタラーの最大の功績といえるのではないか。

　都市工学などでは，あるいは地理学でもそれに近い目的を持った研究では，中心地理論の実用的な応用もみられる。できるだけ少数の都市で，供給範囲ができるだけ重ならないように，それでいて未供給地域が生じないようにするという補給原理は，なるべく効率よく，それでいてサービスを受けられない地域が出てこないように，公共施設（学校，保育園，病院など）を整備する問題に適用が可能である。こうした計画にかかわる問題は，「まだないもの」の「あるべき姿」を語るものであるから，規範理論によって取り組むことができるし，また取り組まれるべき問題である。しかしそれは，現実を説明するという目的とは異なる。この点は，クリスタラー自身が適切に区別できなかった点であった。出発点において現実を説明することを目指しながら，最後には「あるべき姿」を求めてしまったことが，人生の蹉跌を味わうきっかけになろうとは，クリスタラーも思ってもみなかったであろう。

1） つまり，空間スケールは研究に先立って与えられるものではない。近年では，地理学における空間スケールの重要性が認識され，活発な議論が展開されている（Herod 2010）。

2） 小原（2020）は，最近の教科書の1章だけあって，グローバル化を前提にした都市システム研究の解説となっている。

3） 杉浦（2003）は，若き日のクリスタラーの姿を丹念に描き出している。クリスタラーはワンダーフォーゲル運動の熱心な参加者であったそうで，杉浦は「私は，中心地理論を，ワンダーフォーゲル運動に端を発したドイツ青年運動ないしは生活改革運動の1つの到達点と位置づけたい（p.422）」と述べている。クリスタラーの地理少年ぶりは，クリスタラー（1969）の序に「地理学に，30年来，私が読書に親しみを感じて以来，私の自由な時間の大部分を捧げて来たのである（p.ⅴ）」とあることからうかがえるが，地理学を専攻して学位論文を書くことになるのは，その数年前，指導教員となるグラートマンに会うまでは思ってもみなかったとのことである。

4） 理念型に関しては，M.ウェーバー自身の著作のほか，いくつもの研究を参照した。特に参考になったのは，新（1966a, b, 1969），盛山（2013）である。

5） 大塚史学は，歴史学理論としては過去のものとなっている。しかし，大塚久雄の提示した局地的市場圏の概念は，地域構造論に及ぼした影響を含めて，再検討に値するよ

うに思う。

6） ここでは詳述しないが，『よくわかる都市地理学』(藤井・神谷編著 2014：93) に田園都市の
シェーマとともに簡単な解説がある。この本は，都市地理学の教科書として優れてい
るうえ，中心地理論や都市システムに加え，都市地理学から見た立地論の解説も含ま
れているため，初学者には，ぜひ取り組んでいただきたい一冊である。

7） 森川 (1980：84) は，「クリスタラー・システムは一見レッシュの理論的景域における特
殊な場合にあると考えることもできそうに思えるが，しかし両者の理論は，上述のよ
うに (筆者注：そもそも導出の方法が全く異なるため)，本質的に相違するものであり，クリ
スタラー理論をレッシュ理論の中に含めて考えることは誤りである」と述べている。こ
の，異なる理論が同じ幾何学的結論を導き出している事実は，実証の際に致命的な問
題になる。

8） しかし，クリスタラーが期待するような確証は得られない。なぜなら，クリスタラー
の3原理から得られる幾何学模様は，性質を全く異にする，しかも一貫した論理で定
立されたレッシュの理論の結果にすべて包摂されているからである。したがって，ク
リスタラーが示したような「印象論」ではなく，例えば補給原理の結論と現実の都市
の配置がほぼ完全に一致していることがより厳密に確認されたとしても，クリスタ
ラーとレッシュのどちらの理論的手続きが正しかったのか——もしくは，どちらも正
しくないのか——を判断することができない。これは，チューネンの農業立地論のと
ころで論じた実証の難しさと同様の問題である。

［文献］

新睦人 (1966a)：「社会学における〈構成〉の問題——理念系とモデルの構造をめぐって (上)」『ソシオ
ロジ』13 (1)：27-51。

新睦人 (1966b)：「社会学における〈構成〉の問題——理念系とモデルの構造をめぐって (上)」『ソシオ
ロジ』13 (2)：45-81。

新睦人 (1969)：「M. ヴェーバーにおける社会学の位置規定：社会学の成立に関する方法論的覚え書」
『ソシオロジ』15 (2)：67-91。

ウェーバー，M. 著，富永祐治・立野保男訳 (1998)：『社会科学と社会政策に関わる認識の「客観性」』
岩波書店。

内田芳明 (1972)：『ヴェーバーとマルクス——日本社会科学の思想構造』岩波書店。

小原丈明 (2020)：「グローバル化時代の都市と都市ネットワーク」伊藤達也・小田宏信・加藤幸治編
著『経済地理学への招待』ミネルヴァ書房：145-164。

神谷浩夫 (2018)：『ベーシック　都市社会地理学』ナカニシヤ出版。

クリスタラー，W. 著，江沢譲爾訳 (1969)：『都市の立地と発展』大明堂。

佐久間孝正 (1984)：『ウェーバーとマルクス』世界書院。

杉浦芳夫 (2003)：「ワイマール期ドイツのクリスタラー——中心地理論誕生前史」『人文地理』55：
407-427。

杉浦芳夫 (2015)：「中心地理論とナチ・ドイツの編入東部地域における中心集落再配置計画」『都市
地理学』10：1-33。

盛山和夫 (2013)：『社会学の方法的立場——客観性とは何か』東京大学出版会。

恒木健太郎(2013)：『思想としての大塚史学——戦後啓蒙と日本現代史』新泉社。

富田和暁(1991)：『経済立地の理論と実際』大明堂。

仲正昌樹(2014)：『マックス・ウェーバーを読む』講談社。

ノックス，P.・ピンチ，S.著，川口太郎・神谷浩夫・中澤高志訳(2013)：『改訂新版　都市社会地理学』古今書院。

埴淵知哉(2008)：「GaWCによる世界都市システム研究の成果と課題——組織論およびNGO研究の視点から」『地理学評論』81：571-590。

林 上(1986)：『中心地理論研究』大明堂。

藤井正・神谷浩夫編著(2014)：『よくわかる都市地理学』ミネルヴァ書房。

松原宏編著(2012)：『産業立地と地域経済』放送大学教育振興会。

森川洋(1974)：『中心地研究——理論・研究動向および実証』大明堂。

森川洋(1980)：『中心地論Ⅰ，Ⅱ』大明堂。

森川洋(1988)：『中心地論Ⅲ』大明堂。

レッシュ，A.著，篠原泰三訳(1968)：『経済立地論』大明堂。

Herod, A.(2010)：*Scale.* London: Routledge.

第6章

空間的
相互作用と
人口移動
──アナロジーについて

1 立地論があいまいにしてきたもの

　ここでは，これまで学んできた立地論を振り返り，立地論に欠けていた2つのことを掘り下げてみたい。それは空間的相互作用と人口移動である。人口移動もまた，空間的相互作用の1つであるから，本章では，人口移動を題材にとって空間的相互作用に関する法則定立的研究を，これまでの態度を引き継いで批判的に検討する。

(1) 立地論が前提とする空間的相互作用

　最大公約数的にいえば，学問としての地理学が目指しているのは，なぜ，それが，そこに，そのような形で存在しているのかを記述し，説明することである。地理学がとりわけ関心を向ける地域差も，なぜ，それがそこにあってあそこにはないかという問題意識と言い換えることができる。地理学は対象や方法ではなく，地理学的な分析視角——なぜ，「そこに」という問い——に特徴づけられる学問であるから，記述や説明の方法は何であってもいい。

　立地論は，経済地理学が拠り所としうる説明の方法の1つ——唯一ではなく——である。立地論の共通点を大胆につかみ出してみると，いくつかの特異点を持つ均質空間と経済人を前提に，経済活動の分布を法則定立的に説明する枠組みであるといえる。特異点とは，広がりだけが問題となるまっさらな均質空間の中に，島のように点在する市場や局地原料産地，労働地などであり，経済人とは，意思決定に必要なすべての情

報——完全情報——を持ち，経済合理性を唯一の基準として意思決定を下す架空の主体である。

　それぞれの立地論をごく簡単に振り返ってみよう。チューネンの農業立地論では，中心に市場がある均質空間を仮定する。市場から離れるにしたがって輸送費が差し引かれるため，農業経営体の利益に相当する地代曲線は右肩下がりになる。そして，作物によって地代曲線の勾配が異なるため，同心円的な農業地帯構造が現れる。ウェーバーの工業立地論では，工場の立地主体は費用最小化原則に従うと仮定し，費用に影響を及ぼす立地因子を特定した後，輸送費のみを考慮した場合の工場の立地をまず考える。そうしておいて，労働費や集積の利益の影響を後付け的に考えて工場の立地の偏倚を考察することで，工場がどこに立地し，どこに立地しないかを画定する。クリスタラーの中心地理論では，財が階層に対応した到達範囲を持ち，消費者が最近隣仮説に従う場合，最少の中心地数で補完区域を覆いつくす原理——補給原理——が働くと，財の階層性に対応した六角形の補完区域に空間が分割されていく。

　このように，立地論においては限られた特異点を除けば均質な空間を仮定しても，立地という経済行為を通じて空間が差異化されることを示す。空間を差異化させるのは，距離の摩擦の働きであり，それを経済学的に表現したのが輸送費である。チューネン，ウェーバー，クリスタラーのいずれもが，自らの理論を動態化しようと試みたのであるが，法則定立的に得られた農業経営形態の地域差，工場の立地，中心地の位置に関する結論は，本質的に静態的な凍り付いた世界を描き出す。しかし，農業立地論であれば，農産物の市場への輸送，工業立地論であれば，局地原料と製品の輸送，中心地理論であれば，中心地から補完区域への財・サービスの供給というように，いずれの理論も，地点間の財・サービスの流動やそれに伴う人の移動を前提として組み立てられている。地理学では，このようなヒト，モノ，カネ，情報の空間的流動を小難しく空間的相互作用と呼ぶ。立地論は，空間的相互作用に距離の摩擦という制約がかかるために空間が差異化されるメカニズムを法則定立的に示したと言い換えることができる。中心地理論を例にとれば，均質空間に補完区

域という機能地域が生じてくるのは，空間的相互作用とそこに働く距離の摩擦があるからなのである。

　立地論は，空間的相互作用を前提としているが，それが発生する方向については所与とされ，その量については全く考慮されない。立地論のようなアプローチで経済の創り出す地理を認識しようとするのであれば，空間的相互作用についても，同様の法則定立的研究が求められるのは当然といってよい。

(2) 立地論に人間は登場するか

　立地論においては，経済人である立地主体が立地を決めるとされるが，これは人間というより神に近い存在である。経済活動以外の人間活動を捨象している立地論において，立地主体以外の人間が意識されるのは，労働力を持った労働者として，あるいは購買力を持った消費者として，理論の舞台に登場する場面に限られる。チューネンの農業立地論では，労働者は生産費の中に含まれる労働費として間接的に現れ，消費者は中央の都市に集中していると想定される。クリスタラーの中心地理論では，労働者は──医療サービスを供給する医者の例示などはあるが──登場せず，消費者は補完区域内に分布して中心地から財・サービスの供給を受ける。ウェーバーの工業立地論でも消費者は所与の消費地に集中するとされるが，他所よりも労働費を低く抑えられる労働地の存在を想定している点において，全体に無機質な立地論の中では人間臭いほうだといえよう。しかし，労働地なる場所がなぜそこにあり，なぜ周囲に比べて労働費が安くなっているのかについては，純粋理論の及ぶところではないとされ，同一の労働費でいくらでも労働力が得られるという無理筋の仮定をおいている。

　ウェーバーのもともとの問題意識は，人口が都市に集中するメカニズムを明らかにすることであり，その足掛かりを築こうと，純粋理論としての工業立地論を打ち立てた。同時に彼は，純粋理論によって現実を説明することの無理を明確に意識していた。そこで現実的理論を得ようと試みるのであるが，それは挫折に終わった。人間に対する関心，特に人

口の都市への集中というモチーフは，チューネンやクリスタラーにもみられる。人間への関心という点でいえば，自然労賃の概念を示し，労働者が生存の危機におびえることなく，教育と努力によって階層を上昇する機会を得るべきだと考えたチューネンにまさるものはない。加えてチューネンは，クリスタラーを思わせる都市の合理的な配置や，人口が都市に集中する要因についても考察しているのである。クリスタラーの中心地理論では，人口の増減や職業構成が中心地体系に与える影響が考察されている。

　立地論の古典は，19世紀から20世紀前半，つまり産業革命が進行し，それが完了する時期に成立している。それと足並みを揃えて進んだ絶対的都市化は，時代を特徴づける原風景として，いずれの著者の脳裏にも焼き付いていたのであろう。しかし，農村から都市への人の移動という空間的相互作用を理論的に把握することは，それを最重要課題と位置付けたウェーバーでさえ，達成することができなかったのである。

(3) 人口移動について

　立地論は，空間的相互作用あっての理論であるにもかかわらず，空間的相互作用の法則定立的把握を欠落させている。立地論においては人間の扱いが明示的ではなく，人口の都市への集中という現象に対して強い興味を示しながらも，それを体系的に説明することはできなかった。こうして空間的相互作用，とりわけ人口移動に関する法則をどのように定立するかという問題意識が浮上する。

　本章では，経済学における人口移動モデルと，重力モデルという全く性質を異にするアプローチを取り上げ，上に述べた立地論の欠落点をどの程度埋められるか検討する。それに先立って，人口移動について，簡単に概念規定を示しておきたい。

　人口移動とは，最も広い意味では人口の地理的流動一般をさす。人間はさまざまな理由から，さまざまな距離の移動を繰り返し行うから，これでは範囲が広すぎて雑多な概念になってしまう。その定義からいって，広義の人口移動は通勤・通学，買物，観光旅行など，普段の住まい（常住

地)を起点として，相対的に短い時間スケールで循環的に行われる移動を含む。しかし，人口移動という言葉を聞いて一般的に思い浮かべるのは，常住地の変更を伴う移動，平たく言えば引っ越しであろう。引っ越しといっても，理由も距離もさまざまであるし，ある種の転勤のように元の住まいに戻ってくることが予定されている場合もある。しかし，ここではそれ以上細かい区分は行わず，ひとまず常住地の変更を伴う移動を念頭において話を進めていくことにする。

　英語のmigrationには，個別的な「人の移動」も含まれるが，人口が定量的・統計的概念であることから，日本語で人口移動という場合には集計された量としての人の流動を意味することが一般的である。統計的に計測されるものであることと関連して，人口移動は事実上単位地区——ほとんどの場合何らかの行政地域——の境界をまたぐ移動として把握され，発地(Origin)と着地(Destination)を掛け合わせたOD表の形で与えられることが多い。

2　経済学の人口移動理論

(1) 説明

　人はなぜ移動するのか。とりわけ，なぜ都市を目指すのか。その理由はさまざまだろうが，ウェーバーは「大都市に赴くひとは何よりもまず，そこで『経済活動をしよう』として行くのである(ウェーバー1986：3)」と述べた。資本主義の下では，大多数の人＝労働者にとって，それは自らの労働力を販売する機会を求めた移動となる。

　経済地理学においても，生産要素としての労働力の分布やその流動を直接の対象とする研究があるにはあった。しかし，それらのほとんどは記述的なレベルにとどまっていて，分布や流動の法則を定立する方向への進歩はみられなかった[1]。ウェーバーは，純粋理論においては労働地の位置や労働費の水準を所与とし，労働市場の成立に関する現実的理論を得ることは経済地理学の課題として残さざるを得なかった。このことが示すように，どのような性質のものであっても，労働力移動や労働市

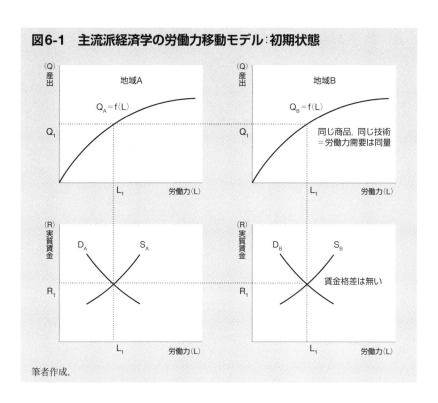

図6-1　主流派経済学の労働力移動モデル：初期状態

地域A

$Q_A = f(L)$

(Q)産出

Q_1

L_1

労働力(L)

地域B

$Q_B = f(L)$

(Q)産出

Q_1

同じ商品，同じ技術
＝労働力需要は同量

L_1

労働力(L)

(R)実質賃金

D_A　　S_A

R_1

L_1

労働力(L)

(R)実質賃金

D_B　　S_B

R_1

賃金格差は無い

L_1

労働力(L)

筆者作成.

場の地理を現実的なレベルで，しかも理論的にとらえるのは相当難しい[2]。しかし，地理を含まない主流派経済学の純粋理論において，労働力移動の発生を説明することは，これからの説明を聞けばわかるように，それほど難しくない。ところで，地理を含まない労働力移動の説明とは，いったい何なのか。それは後で説明する。

　主流派経済学は，演繹的な体系なので，やはり仮定から始まる。ここに地域Aと地域Bという2つの地域があるとしよう（**図6-1**）。どちらの地域でも，全体としてみれば同じ商品を同じ技術で生産している。したがって，同じ量の労働力の投入に対しては同じ産出が得られ，生産関数は全く同じ形をしている。労働市場では完全競争が成立しており，需要曲線も供給曲線も全く同じ形をしているので，労働力の供給量と実質賃金の水準に地域間格差はない。生活費の地域間格差もなく，したがって労働力の再生産[3]にかかる費用の地域間格差もない。労働力および資本の所

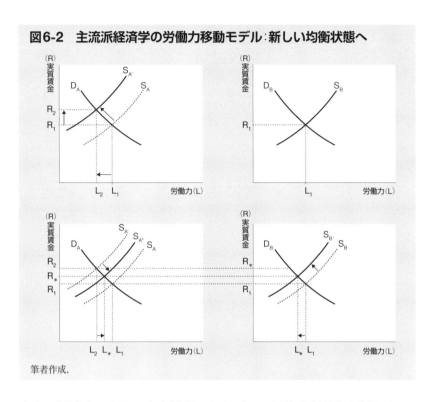

図6-2　主流派経済学の労働力移動モデル：新しい均衡状態へ

筆者作成.

有者は経済人であり，完全情報にもとづいて経済合理的な判断をする。
生産要素のうち，移動できるのは労働力のみであるとし，労働力の移動
コストはゼロであると仮定する。

　すべてが予定調和を保っていた初期状態の均衡が，何らかのショック
で破られたらどうなるだろうか。例えば地域Aで疫病が発生し，労働力
の供給が減少したとする（**図6-2**）。すると，労働力の供給曲線は左上にシ
フトし，実質賃金は上昇する。地域Aで労働力の稀少性が増した分，そ
の価格である実質賃金が高くなり，地域Bとの間で地域間格差が生じた
のである。地域Bの労働者は，賃金の地域間格差の発生を素早く察知し，
自分が持っている労働力をより高く販売できる地域Aに移動するという
経済合理的な行動をとる。経済人だからである。このような労働力移動
は，地域Aと地域Bの賃金格差が消滅し，ちょうど新たな均衡状態に至
る分だけ発生するだろう。

このように，主流派経済学では，労働力の需要と供給が均衡に至る過程において，労働力移動が発生すると説明する。労働力は実質賃金の低い地域から高い地域へと移動し，賃金格差は消滅していくことになる。賃金に変えて失業率(雇用機会)を指標にしても，同じ説明になる。つまり，失業率が高い地域から低い地域——雇用機会が豊富な地域——へと労働力が移動し，失業率の地域間格差は消滅する。水槽の真ん中に取り外しができる仕切り板を置いて，片方にお湯，片方に水を満たす。仕切り板を取ると，お湯と水が混ざり合って水槽全体の水温は一定になる。大体において，これと同じような感覚で，労働力移動が説明されている。

(2) 現実への適用と問題点

　主流派経済学による労働力移動のモデルは，現実を説明できているだろうか。単年度において都道府県別に世帯年収と人口の社会増化率の関係をとると，当てはまりの良しあしはあるが，おおむね正の相関を示している(図6-3)。つまり，所得が高い地域に人口が流入する傾向は確かにある。今度は時系列でみてみよう(図6-4)。ここでは，労働力移動に相当する指標として3大都市圏の転入超過をとり，所得の地域間格差に相当する指標(所得格差)と，雇用機会に相当する指標(雇用格差)との時系列的な相関を分析している。高度成長期から現在まで通して見た場合，雇用格差よりも所得格差との相関の方が高い。ところが，バブル崩壊以前と以後に分けると，前者では所得格差との相関が高いが，後者になると，雇用格差との相関の方が高くなる。データが少し古いが，公共事業が激減して建設・土木の仕事がなくなり，工場も海外に移転してしまい，もはや医療や介護が基幹産業となっている地方圏の現状に照らすと，とにかく仕事がないから大都市圏を目指すという状況は，現在の実感とも合っている気がする。

　理論と現実の間に齟齬がみられる点もある。主流派経済学の理論が正しければ，長期的には所得格差も雇用機会の格差も消滅にするはずである。格差の動向については，クズネッツ・ウィリアムソンの逆U字仮説が，経済発展の過程を考慮したもう少し現実的な説明をしている。それ

図6-3 都道府県別1人当たり県民雇用者報酬と人口社会増加率の関係

1996年度：相関係数 0.38

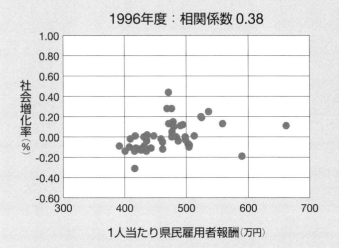

2016年度：相関係数 0.74

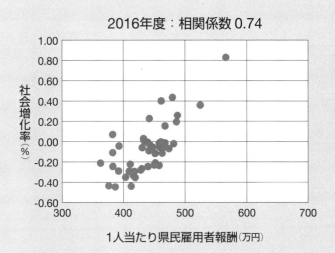

1人当たり県民雇用者報酬については，1996年度と2016年度とで算出基準が異なるため，比較できない．

県民経済計算，住民基本台帳により作成．

図6-4 地域間格差指標と3大都市圏の転入超過

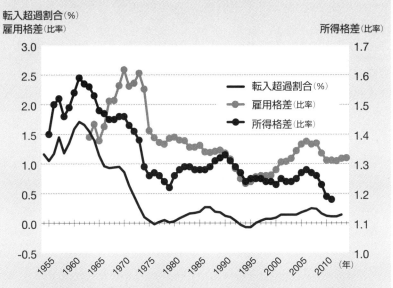

転入超過割合との相関係数			
所得格差	1955〜2011年	1955〜1989年	1990〜2011年
	0.96	0.97	0.04
雇用格差	1963〜2013年	1963〜1989年	1990〜2013年
	0.55	0.34	0.93

所得格差は「1人当たりの県民所得の三大都市圏平均／全県計（三大都市圏除く）」
雇用格差（有効求人倍率格差）は「有効求人倍率の三大都市圏平均／全県計（三大都市圏除く）」
『国土交通白書2015』により作成.

によると，工業化を進めていく段階では，農村に余剰労働力のプールが
存在するため都市と農村の格差は拡大するが，労働力が枯渇するにつれ
て労働分配率が上昇して地域間格差も縮小するという。いずれにせよ，
発展段階の過程でいったんは地域間格差が拡大しても，ゆくゆくは格差
が解消すると考えられた。

　確かに，日本の高度成長期を含め，第二次世界大戦後の「資本主義の
黄金時代」において，多くの先進国では地域間格差がいったん拡大し，

後に縮小に向かった。ところが，格差の指標は逆U字にはならず，拡大と縮小を繰り返している。主流派経済学の理論では，このことをうまく説明できない。

　理論に内在するもっと本質的な問題もある。主流派経済学の理論では，労働力移動のうち，転入と転出の差し引きである純移動しか扱うことができない。そのため，地域A→地域B　200人，地域A←地域B100人，差し引き地域Bが＋100人の場合と，地域A→地域B　1,100人，地域A←地域B　1,000人，差し引き地域Bが＋100人の場合が，理論上区別できないのである。統計上純移動がゼロであっても，現実には相当の地域間労働力移動が生じているはずである。しかし，主流派経済学的には均衡状態であるから，現実には労働力移動が生じていてもノイズとしてしか認識できない。

　主流派経済学においては，モデルが現実の分析を超えて，規範化してしまうことがしばしばおこる。架空の主体である経済人が，「あるべき存在」であると考えられるとき，経済合理性が意思決定の1つの基準であることを超えて，「従うべき基準」にすり替わっていくのである。2000年代の前半の「就職氷河期」と言われた時期，北海道や東北，九州で若者の失業率が高まり，失業率の地域間格差が拡大した。当時，その要因を若者の地元定着傾向に求める主流派経済学者もいた[4]。つまり，状況を合理的に判断して雇用機会が豊富な地域に移動するべきなのに，地方出身の若者がそうしていないというわけである。主流派経済学のモデルに従い，いうところの市場による最適な資源分配のために，地方出身の若者が地元を離れなければいけないなどということは，あろうはずもない。現実の分析を目指しているのに，いつしかそれが規範を求めてしまうという筋書きは，クリスタラーについてすでに見て来たとおりである。

　主流派経済学の理論は，地理を含まない労働力移動の説明であると述べた。いよいよこのことに切り込んでいこう。理論では，地域Aと地域Bの2地域が想定されていた。この2地域は，隣町なのだろうか，はたまた日本とブラジルの位置関係にあるのだろうか。移民政策といった国をまたぐ移動を規制する制度的なものは抜きにするとしても，この距離の

違いは労働力移動にとって決定的な意味を持つ。しかし，主流派経済学では，労働力移動のコストをゼロであると仮定し，この問題を完全にすり抜けてしまう。労働力移動という空間的相互作用に理論的に切り込んではいても，地域間の距離を考慮しないようでは，距離の摩擦による空間の差異化を明らかにする立地論を補う理論にはなり得ない。

　2地域モデルを超えて，多地域に話を拡張すると，地理を含まないことの問題は，単に距離の問題だけではないことが分かる。先ほど紹介した都道府県別の分析（**図6-3**）において，47都道府県間の距離は全く分析に反映されていない。このことは2地域モデルと同じである。これに加えて致命的なのは，47都道府県の配列がどのようになっているかもまた，考慮されていないことである。つまり，日本列島の上に都道府県が現実の通りに配列されていようが，同じ面積を持つ正方形の都道府県が47つ，五十音順に直線上に配列していようが，全くお構いなしなのである。

　空間的相互作用は，異なった性質を持つ地域が特定の距離と位置関係をもって配列している現実があるからこそ，現実として発生する。そのことを捨象してしまう主流派経済学の労働力移動のモデルは，地理を含んでいない[5]。それは，県民雇用者報酬と人口の社会増化率の関係の都道府県別分析も同様である。都道府県や市町村といった地理的ユニットを単位とした分析をしているからといって，自動的に地理学的であることが保障されるわけではないのである。

3　重力モデルによる空間的相互作用の分析

(1) アナロジーとしての重力モデル

　地理学においては，労働力移動に限定せず人口移動一般を分析するという体で，経済地理学よりもむしろ人口地理学によって開拓されてきた[6]。逆に，人口地理学の最大の関心事は人口移動の研究であったといってよい。地理学である以上，人口地理学は異なった性質を持つ地域が特定の距離と位置関係をもって配列している現実において，人口の移動を記述し，説明することを目指してきた。人口地理学では，住み替えを主たる

図6-5　1881年のセンサスによるイギリスの人口移動

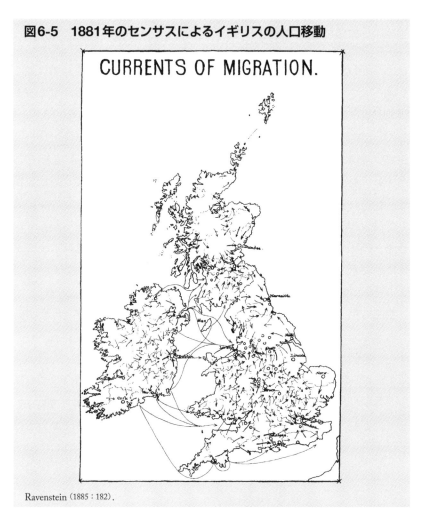

Ravenstein (1885 : 182).

目的として行われる大都市圏内での移動（住居移動）も盛んに分析されてき
たが，都道府県をまたぐような移動，とくに大都市圏──非大都市圏間
移動については，事実上労働力移動を想定して研究が行われた。

　空間的相互作用としての人口移動の理論化に向けた第一歩として常に
引き合いに出されるのが，「ラベンスタインの法則」である。これは，ラ
ベンスタインが1885年と1889年に公にしたもの（Ravenstein 1885, 1889）で，
イギリスで行われた1871年と1881年のセンサス（国勢調査）を分析して，

人口移動にみられる「法則」を帰納的に見出したものである（**図6-5**）。小笠原（1999：68-69）に従って，「法則」を箇条書きにすると，以下のようになる。

1. 移動者の多くは短距離を移動するにすぎない。
2. 成長する都市へは，これをとりまく農村部の住民が移動し，これによってできた空隙は，より遠方からの移動者によって充塡される。人口吸収地への流入者はそこからの距離に従って減少し，出身地域の人口に比例する。
3. 人口の吸収過程と分散過程とは類似する。
4. 移動流には反流を伴う。
5. 長距離移動者は大商工業中心へ向かう。
6. 都市出身者は，農村部出身者に比べて移動性向が小さい。
7. 女性は男性に比べて移動性向が大きい。
8. 大都市は自然増加よりも農村部からの人口流入によって成長する。
9. 人口移動量は，商工業の発展，交通の発達とともに増加する。

1については人口移動一般に関することであるが，それ以外は比較的長距離の労働力移動に関連することが多い。少々乱暴だが，後世の人口地理学者は，ラベンスタインの法則のどれかに関連する課題を掲げて研究に臨み，それが人口地理学を発展させてきたといえる。それほどに，ラベンスタインの法則はインパクトのあるテーゼなのである。もっとも，これら「法則」の中には，現代の日本に当てはまるものもあれば，当てはまらないものもある。

　計量革命が起こると，人間を人口という量に還元して扱う人口地理学が，当然のごとく脚光を浴びた。人口移動に関する計量地理学的研究の多くが，人口移動に対してはじめて法則定立的姿勢を見せたことに敬意を表し，ラベンスタインを論文のまくらに使ったのも納得できる。計量革命は，社会科学の対象とする現象も自然現象と同様に自然科学的・法則定立的にアプローチできるとの信念に基づいていた。その流れで，人口移動に関しては社会物理学の影響が大きかった[7]。社会物理学は，分

図6-6　万有引力の法則と重力モデル

●万有引力の法則

質量Mの物体と質量mの物体が距離d離れて存在するとき，互いに引き合う力Fは

$$F = G \times \frac{M \times m}{d^2}$$

ただし，Gは万有引力定数

「**引力**」を地域が人をひきつける「**魅力**」とみなし，万有引力の法則を人口移動にあてはめると…

●重力モデル

$$I_{ij} = k \times \frac{P_i^a \times P_j^b}{d_{ij}^c}$$

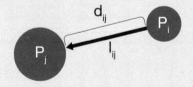

- P_i　発地 i の人口規模
- P_j　着地 j の人口規模
- I_{ij}　地域 i から j への人口移動量
- d_{ij}　地域 i と j の間の距離

筆者作成.

子の動きのひとつひとつを説明できなくても，水や空気の流れを説明する流体力学が成立するのと似た考え方である。渋谷のスクランブル交差点では，たくさんの人々がそれぞれ別々の意図をもって行きかっている。個々人が何を考え，どこを目指しているのかが分からなくても，ウィークデーであれば行きかう人波の時間的リズムは毎日ほぼ同じであろう。このように，複雑な人間の意思決定過程が分からなかったとしても，集

表6-1　用意するデータ

被説明変数	説明変数					
人口移動 (Iij)（人）	発地 (Pi)（人）		着地 (Pj)（人）		距離 (dij)（km）	
8,459	北海道	5,683,062	青森	1,475,728	294.55	
8,852	青森	1,475,728	北海道	5,683,062	294.55	
3,858	北海道	5,683,062	岩手	1,416,180	406.73	
…						
6,544	神奈川	8,489,974	鹿児島	1,786,194	878.15	
…						

2000年国勢調査，理科年表により作成.

団としての人間行動は物理過程と同様のアプローチで解明可能とみなすのが社会物理学の考え方である。

　人口移動の分析に対して万有引力の法則をアナロジーとして当てはめる試みは，20世紀初めに登場したらしい（石川1988）。ニュートンの万有引力の法則とは，2つの物体の引き合う力が，それぞれの物体の質量に比例し，距離の2乗に反比例するというものである（**図6-6**）。アナロジーとは，演繹や帰納とは異なる推論の形式であり，未知の状況を説明する場合に，何らかの類似に基づいて既知の状況の説明を適用することである。例えば，企業の栄枯盛衰を進化論の適者生存で説明するといったものであり，2つの事象が直感的に似ているな，という以上の論理的な結びつきがあるわけではない。アナロジーは，言語で言えば比喩にあたる現実理解の仕方である。

　万有引力の法則を人口移動に比喩的に当てはめると，人口移動の量は，発着地間の距離に反比例し，発地と着地の人口規模に比例すると定式化される。これが重力モデルである。発地の人口規模が大きければ，当然そこから発生する人口移動は多くなる。着地の人口規模は，一般的にその地域・都市の魅力度を示すと理解されている。労働力移動を考えてみると，人口規模の大きい大都市の方が，より良い雇用機会が多いであろうし，職業選択も多様性があるだろう。発着地間の距離に反比例するという部分が，距離の摩擦に対応している。振り返ってみると，事実上，

　空間的相互作用と人口移動——アナロジーについて

重力モデルはラベンスタインの法則の2の第2文と5を定式化したものになっている。

　万有引力の法則だと，2つの質量項にべき乗はついておらず——つまり1乗——，距離の2乗に反比例すると決まっている。人口移動の重力モデルでは，これがそれぞれ何乗になるのかは，実際に観測されたデータに照らして事後的に決まる。万有引力定数Fに相当する数値も同様である。このような，事後的に決まる変数のことをパラメータと呼ぶ。まず，重力モデルの両辺の対数を取って1次式

$$\ln I_{ij} = a\ln P_i + b\ln P_j - c\ln d_y + \ln k$$

に変換し，すでに分かっている変数を投入して，最も当てはまりの良いパラメータを決めていく。具体的には，人口移動数を被説明変数，発地の人口規模，着地の人口規模，発着地間の距離を説明変数として重回帰分析を行う（**表6-1**）。

　既知のデータからパラメータを推定することの積極的な意味は，予測可能なモデルを得ることにある。もちろんモデルの適合度——決定係数R^2——が高くないと信頼できないが，首尾よくパラメータが得られれば，説明変数をインプットすれば，被説明変数をはじき出すことができる。人口の移動性が短期的には大きく変わらないと仮定すれば，例えば10年後の人口推計が得られれば，それを直近のデータから得られた重力モデルに投入して10年後の人口移動の量とその方向を予測することができる。

　パラメータの解釈から得られる知識もある。パラメータのうち，発着地間の距離のべき乗に相当するパラメータは，距離パラメータと呼ばれる。これが大きくなると，距離が増大するにつれて移動量が激減する計算になるから，距離の摩擦が大きいことを意味すると考えられている[8]。着地の人口規模のべき乗に相当するのが，着地パラメータである。これが大きい場合，着地の人口規模が大きくなるとそこに向かう移動量が激増することになるから，大都市指向の強さを示していると解釈できる。

（2）重力モデルの適用

　重力モデルのパラメータを推定するためには，被説明変数である①発着地間の人口移動と，説明変数である②発地の人口規模，③着地の人口規模，④発着地間の距離に関するデータが必要となる。①〜③は，国勢調査や住民基本台帳・住民基本台帳人口移動報告から得られる。④は，役場の位置や単位地区の重心といった代表点を設定して，緯度経度を用いて計算すればよい。ここでは，都道府県間の人口移動に重力モデルを当てはめた事例で説明しよう[9]。

　同一都道府県内の移動は距離ゼロとなってしまって扱えないため，47 × 47 − 47 = 2,162の都道府県の組合せについて，説明変数と被説明変数のセットを用意する。純移動しか扱えない主流派経済学の労働力移動のモデルとは異なり，同じ都道府県が発地にも着地にもなりうるので，転入と転出の両方を別々に扱うことができる。

　沖縄県を除いた2000年の都道府県間移動に最小二乗法による重回帰分析を行い，重力モデルのパラメータを推定してみた（表6-2）[10]。全人口，男性，女性ともに決定係数は0.85〜0.86と高く，発地の人口規模，着地の人口規模，発着地間の距離の3つの説明変数で発着地間の人口移動数の変動のうち85〜86%を説明することが可能であることを表している。距離パラメータ（c）をみると，女性の方が大きくなっており，人口移動に対してかかる距離の摩擦は，女性の方が大きいことを示唆している。着地パラメータ（b）も女性の方が大きく，移動先の選択において女性の方が大都市志向であることを示唆する。

表6-2　都道府県間移動に重力モデルを適用した結果（2000年，沖縄県を除く）

対象	自由度調整済決定係数	パラメータ（絶対値）		
		a	b	c
全人口	0.86	1.18	1.23	1.16
男性	0.86	1.19	1.21	1.13
女性	0.85	1.17	1.26	1.20

2000年国勢調査，理科年表により作成．

ここまでは，人口移動への適用を説明してきたが，重力モデルは物流，通勤流動，航空旅客流動，買物行動など，さまざまな空間的相互作用一般に適用することができるし，実際に適用されてきた(杉浦1989)。扱う空間的相互作用の種類によって，発地・着地の規模を表す項および発着地間の距離を示す項をどうとるかがカギとなる。買物行動を分析する際に用いられるハフモデルは，重力モデルと同じ発想によるモデルである。ハフモデルの場合，着地である買物先の中心地の規模には総売場面積が充てられ，買物先までの距離は直線距離ではなく道路距離や時間距離で計測されることが多い。

　ヒトやモノの移動以外の空間的相互作用にも，重力モデルは適用できる。川手・大山(1994)は，1990年度の首都圏40地域間の固定電話の通話に重力モデルを適用した。各変数の計測方法が工夫されており，通話量については通話回数もしくは通話時間，発地・着地の規模については通話量もしくは加入数，発着地間の距離については実距離(km)もしくは料金距離(3分間の通話費用)と，複数の計測方法の組合せに基づいて，重力モデルが推定されている。いずれも0.9前後の決定係数が得られ，料金距離よりも実距離を用いた方が距離パラメータは大きくなること，距離の影響は通話時間より通話回数に大きく表れることなどが明らかにされている。

4　モデルに何を求めるか

(1) 重力モデルをどう評価するか

　重力モデルは，すべての地域を発地・着地の両方として扱い，さらにすべての発着地の組合せについて，発地および着地の人口規模と相互の距離をモデルに組み込んでいる。その意味では，主流派経済学の労働力移動のモデルに比べるとはるかに地理学的なモデルであるといえる。重力モデルは，社会科学のなかでは現実のデータへの当てはまりが非常に良い部類であり，しかも人口移動以外の空間的相互作用にも幅広く応用がきく。また，パラメータに大きな変化がないとの仮定が妥当であれば，

予測を可能にしてくれるモデルでもある。必要な変数が少なくシンプルであるため，都市・地域計画への応用可能性をより高くするべく，モデルの改良も進んできた（石川1988，1994）。推定されるパラメータは予測に役立つだけでなく，それを解釈することで，移動にかかる距離の摩擦や大都市志向の経年比較や男女比較が可能である。

　しかし，当てはまりがよく，適用可能なフィールドが広ければ，それでいいのだろうか。もともと重力モデルは，物体の間に働く引力と人口移動との間に類似点がありそうだという発想，つまりはアナロジーによって導き出されたモデルである。そういう意味では，演繹的なモデルに比べて論理的な根拠が不明確であり，その点に批判が集まっていた。これに対しては，ウィルソンによって提示されたエントロピー最大化空間的相互作用モデルによって理論的裏付けが得られたとされる（杉浦1989）。このモデルは，気体分子の挙動を扱う統計力学を空間的相互作用に当てはめたものであり，発地からの移動者総数，着地への移動者総数，総移動費用（移動距離の合計）を制約条件として移動者をOD表に割り振ることを考え，統計学的に最もありうる場合を見つけるものである。その式の形が数学的には重力モデルと同じ形をしていることから，重力モデルの理論的根拠になりうると考えられたのである。

　そうはいっても，重力モデルがアナロジーによっていること，言い換えれば「似ているところがありそう」という直感によって生みだされたことは変わらない。エントロピー最大化空間的相互作用モデルも着想はアナロジー的であるし，重力モデルを理論的に根拠づけるとされるモデルの導出過程でなされているのは，制約条件の下で移動者をOD表に割り振る作業である。結果として適合度が高いモデルが得られたとして，労働力移動や人口移動という現象に対する理解はどれだけ深まるだろうか。重力モデルは，人口移動はもちろん，物流や情報流動なども扱えるone-size-fit-allのモデルである。そのことは，モデルのメリットであるといえるだろうが，私には引っ掛かる点でもある。全く異なる社会現象を区別することなく説明できてしまうこと自体が不思議であり，なぜ社会現象が物理過程と同じ枠組みで説明できるのかがいまひとつ納得できないの

である。

　適合度が高く，応用範囲が広い「役に立つ」モデルなのだからいいじゃ
ないか，という意見もあるだろう。そう考えるかどうかが，実務・実学
と科学・学術の分かれ道であるともいえる。実務・実学的には，モデル
の評価基準は徹頭徹尾適合度や応用可能性であって，極端な話，イン
プットから適切なアウトプットが得られればモデル自体はブラックボッ
クスであってもよい。しかし，科学・学術が問うべきは，インプットと
アウトプットがなぜ，いかにして結びつくかというではないか。インプッ
トとアウトプットの結びつきは，因果関係あるいは因果連関と表現でき
るだろうが，社会科学の対象とする現象において，その関係・連関は地
理的・歴史的に変化する。そう考えると，普遍的な法則の定立を目指す
社会物理学的アプローチは，地理的・歴史的状況に強く規定される労働
力移動・人口移動が，なぜ，そこで，そのような形で発生しているのか
を理解することにどの程度寄与できるのか疑問である。

(2) 経済地理学が目指すべきは

　日本に限って言えば，経済地理学畑の研究者が書いた労働力移動・人
口移動に関するまとまった著作はあまり見当たらない。数少ない例外で
ある伊藤ほか(1979)において，山口不二雄は人口現象を経済地理学的に
分析する意義について重要な指摘をしている。その大前提は，第1に人
口現象の背後には人口の再生産，すなわち次の世代を生み育てていくと
いう共通の原点があり，第2にその全過程が資本主義社会で展開されて
いるということである。第1の前提は，ある一時点の人口の状態や流動
にとらわれず，人口現象の背後にある長期的な因果関係をとらえること
を要請する。第2の前提からは，大多数の労働者が労働力の対価である
賃金によって家族の維持と再生産を行う生活様式が，雇用機会を求めた
人口移動や日々の通勤・買物移動といった人口流動にどのような特性を
与えているかという問題意識が浮上する。

　このような前提の下で，経済地理学が当面取り組むべきは，「戦後日本
資本主義の地域構造をとらえる一環として人口流動を整理し，地域構造

の解明に寄与することである(p.2)」と山口はいう。山口は，「資本の配置には労働力の配置が必ず対応する(p.2)」と述べており，「国民経済内部の地域経済なるものは産業配置の従属変数とみることができる(矢田2015：243)」という地域構造論に忠実な想定から出発する。一方，日本の現段階として，商業やサービス業が国民経済ならびにその地域構造において重要度を増しており，それが人口分布を変動させ，ひいては生産配置(製造業の配置)や商業・サービス業そのものの配置を変更させるという循環的な関係をもたらしているとする。

　つまり，労働力の配置は基本的に生産配置(製造業の配置)に規定されるが，ウェーバーが立地層の部分で問題にしたような循環的因果関係を考慮しなければならない。「ヴェーバーの問題意識・方法は多くの点で筆者とも共通しており，極論するとヴェーバーにないのはマルクス主義経済学の概念だけである(山口1982：100)」という言葉が示す通り，山口は筋金入りのマルクス主義経済地理学者であると同時に，A.ウェーバーの信奉者でもあった。その彼が，人口の都市への集中というウェーバーの問題意識を引き継ぎ，ウェーバーが未回答のまま後世の経済地理学者の残した現実的理論の獲得を自らの課題としていたことが垣間見えるだろう[11]。いうまでもなくその課題とは，「資本主義の下で労働力が1つの『商品』として扱われる事実が，資本主義の下でのこの『商品』の地域的配分に対してもつ意味は何であろうか(ウェーバー1986：201)」という問いに答えることである。

　山口の発想が卓越していたのは，人口移動を労働力の短期的な需給バランスによるものとみるのではなく，長期的な人口の再生産と関連付けていたことである。結論部分で山口は「労働力需給の側からの説明要素のほかに，近年では出生数の減少を反映した『家後継志向的Uターン』の増加が挙げられる。生産配置が労働力移動を規定する一方的関係が崩されているわけで，われわれはこの両者がどのように調整されるのか難しい課題に直面しているといえよう(伊藤ほか1979：285)」と述べている。実証分析の結果は，生産配置から説き起こす地域構造論のゆらぎを示唆している。人口移動を人口の再生産と結びつける山口の卓見は，この地点

　　　　　　空間的相互作用と人口移動──アナロジーについて

から発想されたのではないか。

　伊藤ほか(1979)に実を結んだ研究がなされた1970年代は，高度成長期の向都離村の動きがやみ，地方圏出身者の地元定着傾向やUターン現象が顕在化した。「地方の時代」と呼ばれたこの時期は，同時に「長男長女時代」でもあり，農村工業化による地方圏での雇用機会の拡大があいまって，農家の後継ぎ層が地元に留まる可能性が高まった。その後出生率は置換水準を大きく下回るまでに低下し，雇用機会に乏しい地方圏から大都市圏への人口流出が続いている。そんな中で打ち出された政策が「地方創生」である。そこでは，出生率が著しく低い東京圏に若年人口が集中することを問題視し，相対的に出生率が高い地方圏への人口の再配置が目指されている。まさに人口移動と人口の再生産とを結びつける視点がクローズアップされているのである。

　目下，私の研究上の最大の関心は，ウェーバーと山口の延長線上にある。資本主義は長期的な人口の再生産を前提にして成立しているが，人口の再生産が安定的になされる保証はどこにもない。日本社会が直面する出生率の低下と人口減少，東京一極集中を，資本主義における人口の再生産に内在するこうした不確実性と困難性の表れと認識し，それへの対処としての「地方創生」や外国人労働政策を批判的に分析したいのである[12]。それについては，別の機会，別の著作でお話ししたい。

1) 伊藤ほか編著(1979)は，唯一の例外と言っていい。初学者は小俣(1990)に目を通してから読むとよい。

2) 様々な次元で分断された労働市場が，市場メカニズムによるよりもむしろ社会的に調整されていることを示したPeck(1996)は，そうした課題を大きく前進させた。また，中澤(2014)も，Peck(1996)に学びながら，労働市場における3つのミスマッチ（空間的ミスマッチ，時間的ミスマッチ，スキルミスマッチ）の発生と，労働市場の媒介項によるそれらミスマッチの制度的克服という視点から，労働市場の経済地理学の理論化を図ろうとした。なお，欧米の経済地理学では，1980年代に入ると労働に関する関心が高まりを見せ，2000年前後に「労働の地理学(Labor geography)」という研究潮流が確立するに至って，労働は一躍経済地理学の最も重要なカテゴリーの1つに躍り出る(Herod 2001)。しかし，その動きは，理論的基礎や問題意識において，本章で中心的に紹介するよう

な方向性とは何1つ交わることのないものである。

3）労働力とは，財・サービスを生産する人間の肉体的・精神的能力であり，労働者が賃金と引き換えに資本家に売り渡す商品であるとみなされる。労働力が労働に投下されると，労働力は消耗される──働くと疲れる──ので，労働者は賃金を使って必要な財・サービスを購入し，休息，食事，睡眠などによってこれを回復させなければならない。これが労働力の再生産である。理論的には，賃金には次の世代の再生産費用も含まれているとみなされる。

4）このような感じである。「若年労働者ほど移動性向が高いことが知られているが，最近ではその移動性向が低下しているのではないかという議論がある。太田(2003)，樋口(2004)はともに若年が『地元志向』の傾向を強めていることを問題視しており，それが地方の若年失業率を上昇させる危険性を指摘している。つまり，移動による地域間の平準化メカニズムが作用しにくくなっている可能性がある（勇上2007：82）」。

5）ところが，これから説明する重力モデルにおけるパラメータの推定の際には，この地理を含んでいることが大きな問題を生むことになる。これについては，改めて注8で説明する。

6）日本における代表的な文献を一冊挙げるとしたら，石川(1994)ということになる。

7）人口移動を物理現象と同じ方法で分析するアイディアは，日本に計量革命が到来するはるか以前に出現していた。例えば吉村(1930)は，関東地方における「新」などが付く地名（新田，新町，新開など）と本村との関係から，人口移動と熱伝導との間に類似性を認め，熱源と熱良導体／不導体の配置によって，熱力学を応用して人口移動をモデル化した。

8）単純にこう解釈していいのなら話は単純であるが，異なった性質を持つ地域が特定の距離と位置関係をもって配列している現実から得られたデータであることが，それを許さない。東京から1,000kmの地点に同じ規模の2つの都市があり，1つは北海道，もうひとつは九州に立地しているとする。人口移動が発着地の人口規模に比例し，距離に反比例するのであれば，重力モデルからはじき出される2つの都市から東京への人口移動は，全く同じになるはずである。しかし現実には，大阪や名古屋に一定の人口が吸い寄せられてしまう分，九州の都市からの移動は北海道の都市からよりも少なくなるはずである。人口移動が何らかの機会を求めてなされるとするならば，その機会の地理的分布パターンがパラメータの推定値に影響を与えてしまうのである。そのため，距離パラメータを純粋に距離の摩擦と解釈することはできず，そこには「異なった性質を持つ地域が特定の距離と位置関係をもって配列している現実」の効果が入り込んでしまっているのである。こうした問題は「地図パターン問題」と呼ばれ，議論されてきた経緯がある（石川1988，1994）。

9）都道府県間の距離は，『理科年表』に都道府県庁間の距離のテーブルが載っている。

10）この場合，46×46-46=2,070の都道府県の組合せについての分析になる。

11）そして，ウェーバーとの関係で山口の著作を見渡していくとき，山口(1976)が労働費の成立あるいは労働費の地域差に迫ろうとした労作であることが見えてくる。

12）現時点での到達点は，中澤(2016，2018，2019)に記しておいた。

［**文献**］

石川義孝（1988）：『空間的相互作用モデル——その系譜と体系』地人書房。

石川義孝（1994）：『人口移動の計量地理学』古今書院。

伊藤達也・内藤博夫・山口不二雄編著（1979）：『人口流動の地域構造』大明堂。

ウェーバー，A. 著，篠原泰三訳（1986）：『工業立地論』大明堂。

太田聰一（2003）：若者はなぜ地元就職を目指すのか。『エコノミスト』8月5日号 毎日新聞社：46-49。

小笠原節夫（1999）：『人口地理学入門』大明堂。

小俣利男（1990）：「労働市場と労働力移動の研究」上野和彦編『地域研究法——経済地理入門』大明堂：155-170。

川手弘明・大山達雄（1994）：「区域間通話量流動現象の空間相互作用モデル分析」『日本オペレーションズ・リサーチ学会論文誌』37（2）：114-132。

杉浦芳夫（1989）：『立地と空間的行動』古今書院。

中澤高志（2014）：『労働の経済地理学』日本経済評論社。

中澤高志（2016）：「「地方創生」の目的論」『経済地理学年報』62：285-305。

中澤高志（2018）：「政治経済学的人口地理学の可能性——『縮小ニッポンの衝撃』を手掛かりに」『経済地理学年報』64：165-180。

中澤高志（2019）：「再生産の困難性，再生産と主体性」『経済地理学年報』65：312-337。

樋口美雄（2004）：「地方の失業率上昇の裏に若者の地元定着増加あり」『週刊ダイヤモンド』3月30日号 ダイヤモンド社：25。

山口不二雄（1976）：「賃金・所得の「地域格差」について——理論的解明にむけての予備的考察」『法政大学文学部紀要』21：31-109。

山口不二雄（1982）：「立地論ノート——経済地理学における立地論の評価」『法政大学文学部紀要』28：57-100。

勇上和史（2007）：「地域の中の若年雇用問題」労働政策研究・研修機構編『地域雇用創出の新潮流——統計分析と実態調査から見えてくる地域の実態』労働政策研究・研修機構：81-105。

吉村信吉（1930）：「地名による人口移動の一考察」『地理学評論』6：163-178。

Herod, A.（2001）：*Labor Geographies: Workers and the Landscape of Capitalism.* New York: Guilford.

Peck, J.（1996）：*Work-Place: The Social Regulation of Labour Markets.* London: Guilford.

Ravenstein, E. G.（1885）：The Law of Migration. *Journal of the Statistical Society of London* 48（2）：167-235.

Ravenstein, E. G.（1889）：The Laws of Migration: Second Paper. *Journal of the Royal Statistical Society* 52：241-305.

第　7　章

立地論を超えて

1　立地論の世界と現実の世界

　一般に地理学の任務は，なぜ，それが，そこに，そのような形で存在しているのかを記述し，説明することとされている。そのことを念頭に置いて，経済地理学の課題を一般的に表現してみると，ある経済現象が特定の場所で起こっているのはなぜかを，適切な概念・論理によって明らかにすること，となるだろう。「適切な概念・論理によって」というのは，経済地理学が活用できる方法論が，なにも経済学の方法論に限られないことを意味している。地理学は，固有の方法を持たない。「なぜ，そこに」という問い，つまり地域，場所，空間への着目という地理学的な分析視角に特徴づけられる学問である。だから経済地理学は，役に立つとなれば，どんな学問の方法や成果だって動員してよい。山本（2005：5）が例に挙げているように，「東京という場所がなぜ日本で最も経済水準の高い場所になったのか」という問いは，経済学だけでは解けず，歴史学，政治学，社会学，社会心理学などを総動員しなければ——あるいは総動員しても——太刀打ちできないだろう。思い起こせば，この本は「経済地理学は経済学か，地理学か」という問いから始まった。そこではあいまいにしてきたが，ここでの記述が示す通り，今のところ私は，経済地理学を地理学の一分野であると考えている[1]。

　たくさんの○○地理学が並び立っていることが示すように，地理学の対象は特定の事象に限定されない。○○という「冠」をその「冠地理学」の対象であるとするならば，経済地理学の対象は「経済」ということになる。

地理学に特定の方法はないとなると、この「経済」なるものが一体何なのかが分からない限り、それに地理学的な問いを投げかける意義も明らかにならない。「地理学とは何か」を知ろうと、辞書を引いたのが混乱のきっかけであったことを教訓にすると、「経済」の辞書的な意義は、このさい確認しなくてもいいだろう。調べるまでもなく、多義的なのだから。ずっと立地論の話をしてきたので、ここでは立地論の想定している「世界」の特徴を振り返ることを手掛かりに、経済とは何かについて、自分なりに考えてみたい。立地論は経済地理学に含まれるサブカテゴリーであって立地論イコール経済地理学ではないから、本章で議論したいのは、立地論の対象としている経済に限定せず、経済地理学が対象とするべき経済についてである。

　前章の冒頭で整理したように、立地論が目指すのは、いくつかの特異点を持つ均質空間と経済人を仮定して、そこから経済活動の立地を規定する法則を演繹的に定立することである。対象とする経済活動が異なっていても立地論に共通する結論は、均質空間を仮定しても、距離の摩擦があるために空間が差異化されるというものであった。松原（2006：2）は、距離の摩擦が働く均質空間に立地主体が存在することが空間の差異化をもたらすことについて、さらにぜい肉をそぎ落とし、立地論のエッセンスを「Y字モデル」に託して表現している（**図7-1**）。Y字モデルでは、横軸は空間的広がり、縦軸は費用あるいは価格を示す。ここにA，B，Cという企業が存在するとき、「これらA，B，Cの3企業が、それぞれの地点に工場を立地させていくプロセスや要因を解明していくことが……立地論の中心的な課題となる（松原2006：2）」と松原はいう。つまり、立地論の中心的課題は、方法論的個人主義の立場から、個別資本の立地行動を明らかにすることにある。

　立地論の世界──現実の世界でもそうであるが──では、財・サービスが生産される地点と消費者がいる地点が分離しており、そこには距離の摩擦が横たわっている。そのため、消費者が財・サービスの供給を受けるためには、空間を克服するための費用つまりは輸送費や交通費がかかる。消費者が最近隣仮説の通りに行動すると仮定すると、Y字モデル

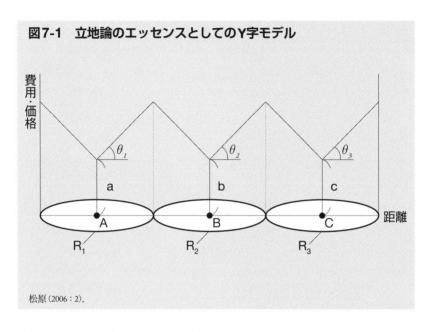

図7-1　立地論のエッセンスとしてのY字モデル

費用・価格

θ_1　θ_2　θ_3

a　b　c

A　B　C　距離

R_1　R_2　R_3

松原（2006：2）.

ではA，B，Cの各企業がそれぞれの近傍に独占的な市場圏を持つことになり，空間が仕切られていく。松原は，こうして仕切られた空間的範囲を経済地域の原型とみている。これほど単純化したモデルに基づきながらも，産業立地が地域経済を生みだすのであって，産業立地に先行する経済地域は存在しないという，国民経済の地域構造論の基本認識がしっかりと示されている。

　以上を踏まえて，想定されている空間像および人間像と，立地がもたらす帰結という観点から，立地論が前提とする世界を整理してみよう（**表7-1**）。想定されている空間像は，最小限の差異をもつ均質空間と言える。最小限の差異とは，市場や局地原料産地といった特異点が存在することを指す。人間像については，完全情報をもち，経済合理性を唯一の基準として行動する経済人であることに異論はないだろう。そのような前提の下で立地がなされることによって，まっさらな空間がはじめて差異化あるいは領域化される。ここで地域差は，無から生まれる「結果としての地域差」である。もう一歩進めて言えば，立地論の世界における経済地理は，すべて立地の結果である。

表7-1 立地論の世界と現実の世界

立地論の世界			
空間像	人間像		立地・空間的行動の帰結
	情報	意思決定基準	
均質空間 （最小限の差異）	経済人		空間の差異化 （結果としての地域差）
	完全情報	経済合理性追求	
現実の世界			
空間像	人間像		立地・空間的行動の帰結
	情報	意思決定基準	
自然的・社会的に 不均質な地表	生身の人間		さらなる空間の差異化 （原因かつ結果としての地域差）
	不完全情報	多様な価値観	

筆者作成.

　現実の世界を同様の基準で整理してみるとどうなるだろうか。現実の空間は，自然的にも社会的にも差異に満ち満ちており，ひとつとして同じ地点はない。神ならぬ人間は，自らを取り巻く世界あるいは環境について，常に不完全な情報しか持っていない。それに基づく意思決定もまた，唯一普遍の価値観によるものではなく，意思決定の基準は同一個人でも時と場合に応じて揺れ動く。経済合理性に照らして最適の立地が常に実現できるわけではなく，むしろ実現できない場合の方が多い。故郷に錦を飾ろうと出身地に工場を建てたり，後から考えると軽率にぽっと出た居抜き物件に飛びついて出店したり，といったことも起こる。そうした錯綜した立地の結果，もともと不均質であった空間は，さらなる不均質性に塗りこめられていく。現実の世界における経済地理は，原因でもあり結果でもある（長尾2013）。

2　経済の二つの意味

　このように，立地論の世界と現実の世界は，いわば相互に接点を持た

ないパラレルワールドである。それぞれの世界における「経済」なるものの性質も全く異なっていて当然であろう。カール・ポランニーによる「経済」の意味の追求は，そのことを教えてくれる。経済学者とも経済人類学者とも紹介されるカール・ポランニーは，ウィーンで1886年に生を受け，ブダペストで育った[2]。弟は『暗黙知の次元』で知られるマイケル・ポランニーである。ハンガリー系ユダヤ人であったポランニーは，第一次世界大戦によってオーストリア・ハンガリー帝国が崩壊すると，反ユダヤ主義が吹き荒れるハンガリーからウィーンへと亡命を余儀なくされた。彼はウィーンでジャーナリストや政治活動をしていたが，ナチスが政権を握った1933年，ロンドンに亡命した。そして，オックスフォード大学やロンドン大学で成人教育にたずさわるなかで，産業革命期の悲惨な生活経験が労働者階級の間に語り継がれていることを実感し，その経験が大著『大転換』を生み出すことになる。60歳を超えてから，乞われてコロンビア大学客員教授となったが，妻イローナがかつてハンガリー共産党に属する活動家であったため，アメリカ合衆国のビザが下りず，カナダから12時間かけて通う生活を余儀なくされた。

　ポランニーは，社会における経済の位置づけについて終生考え続けた。「制度化された過程としての経済」（ポランニー-2003）という論文において，彼は経済の2つの意味について詳しく述べている。ポランニーによれば，経済という言葉には，形式的意味と実体的意味とがある。経済の形式的意味は，目的が何であれ，それに応じた手段を選ぶ，という合理的行為に対応する。その前提にあるのは，希少性の公準である。人間の欲求は限りないが，カネや時間をはじめとして，それを満たす手段には限りがある。欲求に対してその充足手段は常に不足するから，人間は欲求に優先順位付けをし，取捨選択をしなくてはならない。このような前提によって，人間が必要を充足する過程をすべて貨幣の配分に還元してとらえ，選択の条件も結果も価格の形で数量化する経済分析が可能になる。

　経済の実体的意味について，ポランニーは「人とその環境とのあいだの，制度化された相互作用の過程（p.369）」であり，それこそが実在する（empirical）経済であるという。実体的意味の経済は，人間が，究極的には

自然に依存しながら，必要な食料や物資を得て生活していることに根差している。ポランニーは，経済過程を場所の移動と占有の変化の2つに整理している。場所の移動とは，まさに生産・流通・消費の過程で物資が空間を移動することである。占有の変化とは，その過程で物資の持ち主が変わっていくことを意味する。流通の言葉で言えば，前者が物流，後者が商流に相当するだろう。そして制度化とは，場所の移動と占有の変化からなる経済過程に統一性と安定性，構造と機能，歴史と政策を与える働きを意味している。律令制の下での班田収授と租庸調などは，その分かりやすい事例である。しばしば非関税障壁が高いと批判されてきた日本の市場経済も制度化の1つの形態といえる。

　経済の形式的意味と実体的意味をこのように区別したうえで，「過去および現在のすべての実在の経済を研究するために社会科学が必要としている概念を与えることができるのは，『経済的』ということの実体的な意味だけだ(pp.362-363)」とポランニーは断言する。ポランニーの言う実体的意味での経済，つまりは実在の経済の研究とは，「経済過程がさまざまな時と場所において制度化される，その方式の研究(p.373)」であるという。「時と場所において」とあるように，研究の主眼は「制度化された過程としての経済」の歴史的・地理的差異に注がれている。その際の分析ツールとなってくれる概念が，統合の諸形態として知られる互酬，再分配，交換，家政(ポラニ　2009)である(**表7-2**)。

　互酬は共同体内の助け合いや共同体同士の間で行われる儀式的な贈り物のやり取りのことであり，贈与に対しては返礼を期待するといった制度的な対称性をもつ経済過程である。再分配は，国家権力のような中心を必要とし，集団の構成員が生産した物財は権力によっていったん集められたのち，再び構成員に配分される。家政は，家族のような閉じた集団が，自分たちの手で生産し，自分たちのために消費することを意味する。以上の統合形態は利潤動機によってなされるものではないが，交換では市場を舞台として，無数の売り手と買い手が匿名で私的利益の追求を目的とする取引を繰り広げる。

　統合の諸形態のそれぞれは，実在の経済過程の制度化のあり方につい

表7-2 ポランニーの「統合の諸形態」

	互酬	再分配	交換	家政
統合の拠点	共同体	中央集権・国家	制度化された市場	閉じた集団・家父長制家族
移動性	対称性	中心性	多方向性	内向性
動機	相互社交	義務・強制	個人的利益	自給
統御	社会的	(慣習)法	価格	循環
主体性	互恵	忠誠	交渉	集団
対象	贈与・返礼	税・貢納	商品	自家用品

Peck(2013)を参考に作成.

て，特定の側面に着目して概念として構築された理念型である。した
がって，統合の諸形態は現実を「模写」するものではない。理念型は，事
象の「整理棚」ではないので，現実のあらゆる経済行為が4つの形態のい
ずれかに分類されるということはない。また，統合の諸形態は発展段階
論を想定していない。歴史のある段階においてある形態が優勢になるこ
とはあっても，経済が唯一の原理によって統合されることはない。律令
制とされる時代における経済が再分配のみによっているわけでないのと
同様に，資本主義の下における経済過程も市場における交換のみによっ
て統合されているわけではない。

　ところが，経済の形式的意味を前提としてなされる経済分析は，演繹
的に得られた経済理論に基づいて，市場における交換のみで統合されて
いるありえない世界を分析している。これに関連してポランニーは「市場
とその人為的な均一性に関心を奪われると，よい経済理論はできても，
よい経済史はできない(ポランニー2003：393)」と評する。経済理論は，その
体系性や論理一貫性を基準としてその良し悪しが判断されるのかもしれ
ないが，そういう基準で「良い」とされた経済理論が「経済過程がさまざ
まな時と場所において制度化される，その方式の研究」に役立つわけで
はないというのである。ここで，「さまざまな時」に対応した研究が経済
史であるならば，「さまざまな場所」に対応した研究は経済地理学になる

だろう。だから，「市場とその人為的な均一性に関心を奪われると，よい経済理論はできても，よい経済地理学はできない」と言い換えてもまったく差し支えない。

　ここで思い出されるのは，立地に関する純粋理論を打ち立てた自著『工業立地論』（ウェーバー1986）において，「経済のあり方に関する理論が経済史学でないのと同じく，経済立地に関する理論も経済地理学ではない（p.202）」と述べ，「ここでなされる労作は経済地理学ではなくて，『地理的立地の国民経済学』である（p.203）」と結論付けたA. ウェーバーである。ウェーバーが形式的意味での経済における立地に関する「よい理論」を作ったのは間違いない。しかし，「今日の資本主義の下での現実的な立地法則を導き出すという課題は単なる演繹的手続きでは解けない（p.10）」のであった。彼は実体的意味での経済に肉迫できる現実的理論からなる「よい経済地理学」を創ることを後世にゆだねることになった。私たちはそのバトンをきちんと受け取っているだろうか。

3　立地論と理念型

　ウェーバーの工業立地論に限らず，立地論が経済の形式的意味を扱っていることに異論はないだろう。立地論は，現実における意思決定の際には常に前提とせざるを得ない自然的・社会的差異が捨象された空間において，完全情報の下で経済合理性を唯一の行動規範とする架空の主体＝経済人の意思決定の結果として，経済地理が生まれることを説明する理論である。そのような理論は，原因と結果が無限の循環を繰り返す中で絶えず生成してくる現実の経済地理の理解にどこまで，どのように貢献できるのだろうか。「過去および現在のすべての実在の経済を研究するために社会科学が必要としている概念を与えることができるのは，『経済的』ということの実体的な意味だけだ」という発言からわかるように，ポランニーが立地論を知っていたならば，それに対する評価は厳しいものになったに違いない。ポランニーのみるところ，経済の形式的意味と実体的意味は交喙（いすか）の嘴（はし）のように交わることがなく，前者は実在の経済のよ

り良い理解にはほとんど貢献しえないのである[3]。

　しかし私は，これまで——少なくとも日本の経済地理学界においては——経済地理学の理論的基盤を提供するとみなされ，経済地理学を志すとあれば一通りの知識を身に着けておくべきとされてきた立地論が，実在の経済の理解に全く役立たないとは思えないし，そう思いたくもない。立地論の世界は，実在——ここでは実体的意味での経済——の特定の要素——ここでは形式的意味での経済——を，思考の上で高めてえらえる，ひとつのユートピア——どこにもない世界——であることからして，M.ウェーバーのいう理念型の条件を十二分に満たしている。もともと理念型であり，観念的構築物であるにもかかわらず，立地論はそれがどれだけ現実の立地を忠実に「模写」しているかという観点から評価されてきた。クリスタラーは，理念型であることからスタートしていながら，自らの理論が現実の都市の分布と見事に一致するという自画自賛に進み，さらにそこから「あるべき姿」の提示へと飛翔することで，自ら理念型から逸脱していった。中心地理論も含めて「模写」という観点から立地論を評価する姿勢が定着した大きなきっかけは，立地論が再発見され論理実証主義に組み込まれていったことに起因する。その影響は，農業立地論，工業立地論，中心地理論のしばしば簡素すぎる説明の後，現実への適応例を紹介するという経済地理学の教科書の定石に，今でも色濃く姿をとどめている。

　私も，経済地理学の冠である「経済」は，形式的意味にとどまっていてはならず，実体的意味であるべきだと考える。確かに立地論は，ポランニーのいう経済分析に該当し，扱っているのは形式的意味の経済である。しかし，今までのようにそれに現実の立地の「模写」を求めるのではなく，意識的に理念型として扱うことにより，立地論を生かすことができる途があるのではないか。チューネンが導き出した位置地代は，純粋な形では存在せず，実際に値付けされ，支払われている地代のうち，どこまでが位置地代なのかを腑分けすることは——回帰分析によって形式的に位置地代を特定しようとする試みはあるが——本来できない。純粋に市場立地，原料立地，立地自由である工業も，純粋に補給原理，交通原理，

行政原理からなる中心地の配置も現実にはあるはずがない。だから，いくつかの特異点を含む均質空間と主体としての経済人のみが存在する世界，距離の摩擦が支配する幾何学の帝国（杉浦1996）は，現実の写し絵ではなくユートピアである。しかしそれは，広がりを持った現実の世界の中で，何かを成し遂げようと意思決定を繰り返して生きている人間の経済の地理を理解する手掛かりにはなりえるのではないか。

　立地論にこのような意義づけをしている経済地理学者，つまり立地論が与えてくれる諸概念を一種の理念型として自分に折り合いをつけている経済地理学者は，もしかすると少なくはないかもしれない。問題は，それが必ずしも意識的ではない，というよりはほとんど無意識的で，しかも教育する段になると，依然として現実の立地を「模写」できるかできないかという観点から，立地論を紹介し評価する傾向にあると思われることである。私がそうであったように「ウェーバーの工業立地論は現代の工業立地をうまく説明できない」と講義で述べた後，学生から「それなら，何で勉強するんですか?」と聞かれ，「いや，それでもまだ，セメント工場やビール工場の立地であれば，そこそこ説明できるよ」といった答えに逃げてしまう研究者が多いと想像する。

　立地論の諸概念を理念型として現実の理解に役立てる/役立てたいという方向性は，現時点では私の個人的な思い付き/思い入れの域を出ていない。その試みにどの程度の理論的勝ち目があるのかを見極めるためには，理念型そのものに関する理解を深めなければならない。ところが，経済地理学と関連する領域において理念型について論じている論文は，小川（1953）や加藤（2016）程度しか見当たらないのである。地理学一般と同様に，経済地理学では，フィールドに出て調査をし，事実を観察・収集することに重きを置いてきた。それはとても重要なことではあるが，その反面，収集してきた事実から知識を得るための社会科学の方法論や，その上流に位置する認識論や存在論に対して，あまりに無頓着であったといわざるを得ない。自分自身そうだったからこそ，私は「何のために立地論を学ぶのか?」という問いに的確に答えられず，いまさらこのような本を書く仕儀に至っている。

教育の世界を中心に，立地論の威光は今でも強いが，教科書において立地論に割かれるページ数は確実に減少し，各論的内容が増えている[4]。方法論・認識論・存在論に対する無頓着を反映して，立地論を削減した意図が明確に書かれることはほぼないが，その背景には，非現実的な仮定に基づく立地論がもはや現実の立地を「模写」できていないという判断が透けて見える。現実を説明する力に対する不信から，演繹的理論の実証への適用は影を潜め，観察された諸事象の集合から出発する，ある意味で泥臭い帰納的な方法論の復権が図られている。それはいいかえれば，「大多数の論者が過去の遺物として扱ってきた『調査』にもとづく『記述』の活用が重要な意味を持ってきたように思われる（加藤2009：29）」「地誌学的なアプローチが斯学の中でいっそうの有効性を帯びてくる（小田2012：48）」といった言葉に象徴される，地誌の復権である。

　論理実証主義に取り込まれた立地論と性質が異なるとはいえ，地誌もまた，現実の地理をいかに忠実に「模写」しているかという観点から評価されてきた。地理学が大地を記述する学問（Geo-graphy）として誕生した経緯からすれば，歴史的にみてそうした評価軸が設定されたことは当然である。しかし，論理実証主義を潜り抜けたそのあとで唱えられる地誌の復権は，自己目的化した記述に終始するそれ以前の地誌への先祖返りであってはならないはずである。それでは，今言われている地誌復権の認識論的基盤は何か，と考えると，現状でははっきりした答えが得られない。ここをしっかりしないと，立地論の説明力が弱くなったから地誌的アプローチを採用するという消去法に終わってしまう。

　社会における経済の位置に関する研究を進めるにあたり，ポランニーは歴史的事例や地誌的モノグラフを多数参照している。しかし，それを単なる「切手集め」に終わらせず，抽象的思考の力によって統合の諸形態（互酬，再分配，交換，家政）の理念型を引き出し，それを梃子として諸事実の集合を「一般経済史」に高めていこうと努力した。ポランニーが追い求めるのは実体的意味の経済であるが，その多様性を単に記述することに意味を見出していたわけではない。「制度化された過程としての経済」という言葉が表すように，ポランニーの視線は制度の働きによって組織化さ

れた経済が多様性をもって生成してくる過程にこそ，向けられている。そして多様な経済の現実を理解する手掛かりとして，統合の諸形態という理念型を用いることを提案したのである。

　M.ウェーバーは，リッケルトの科学観に立脚し，社会科学を個性記述的科学であるとして，法則定立的な自然科学と峻別していた。しかし，個別的である現象にも客観的な因果連関があり，その解明に社会科学の客観性を求めた(盛山2013)。そして，経験的現象の因果連関の理解を助けるための抽象的構築物として，理念型という考え方を生み出したのであった。誕生の経緯からして，理念型は個性記述的な地誌的アプローチの補助具なのである。

　もちろん，理念型にはさまざまな問題点がある。現実の農業の経営形態に同心円構造が見出された場合，形式的にはチューネン圏と方言周圏論——いずれも理念型——のどちらでも説明できてしまうといったように，複数の理念型のどちらがより妥当かを判断する基準がない。また，抽象概念である理念型と実在の因果連関がどのように関係するのか，いいかえれば形式的意味の経済と実体的意味の経済がどのような接点を持ちえるのかについては，論理的に不明確である。そもそも，この点が明確ならば，A.ウェーバーが純粋理論と現実的理論のはざまで行き暮れることもなかったのであるが。そうした問題を承知のうえで，立地論を理念型として経済地理学の中に再定位し，方法論的再検討を始めてはどうか。勝算があるかどうかは分からない。それでも，現実に対する説明力の低下を基準——このような基準を設定すること自体が適切ではない——として立地論を片づけてしまうよりは，よほど生産的ではないだろうか。

4　誰のための，何のための経済地理学なのか

(1) 迫りくる眼前の霧

　立地論を理念型として扱ってはどうかとの提案に対して，理論はあくまでも現実に対する説明力によって評価されるべきであるから，目指す

べき方向性は立地論の非現実的仮定をひとつずつ取り除き，現実への適用性を高め，その結果として予測可能性を獲得することにある，との批判が起こることは容易に想像がつく。こうした批判は，全体は部分の総和であり，捨象されていた要素を順次組み入れていけば，抽象から具体へのあゆみは可能であるという要素還元主義の存在論・認識論からなされている。しかし，「経済活動における数多くの循環的動態過程が成立し，それが経済活動の因果分析を困難ならしめている（ウェーバー1986：195）」とA.ウェーバーにため息をつかせたように，現実の世界では様々な要素の間に相互作用が働いているため，非現実的仮定を「ひとつずつ」取り除くという手続き自体が不可能なのである。

　このように「分ければ分かる」という要素還元主義に対しては，「分けても分からないことがある」という全体論の立場から，これを批判することもできる。しかし，それは常に水掛け論に終わってきた。それよりも私が批判したいというか，問題にしたいのは，一般性や予測可能性を持った強い理論を構築することに社会科学の存在意義を見出そうとする態度である。なぜなら，事実を説明しつくすことができ，したがって予測可能性をもつ社会科学の理論は，人々に希望よりもむしろ絶望やあきらめをもたらすと考えるようになったからである。どうしてそのように考えるようになったのかを，私の個人的な経験に即して説明することで，この本の結びに代えたい。

　私はこの本を，「経済地理学とは何か」という本質的な疑問に答えようとした私の経験から書き起した。「地理学とは何か」という問いは，地理学を学び始めた時から漠然と持ちつづけてはいたが，経済学部に職を得て経済地理学者としてのアイデンティティを自覚するようになると，「経済地理学とは何か」という問いをことさら明確に意識するようになった。さらに経済地理学会第60回記念大会のシンポジウム『経済地理学の本質を考える』の登壇者となり，第1章に記したような試行錯誤を重ねたことで，その問いは自分にとってますます大きなものになった（中澤2013）。

　研究を始めて以来心に宿り，ずっとわだかまっているもうひとつの問いがある。それは，「誰のために，何のために研究をするのか」という疑

問である。もちろん，突き詰めれば自分のためなのであるが，アカデミズムの片隅に居座っている以上，そんな趣味的な答えだけではだめだろう。教育にたずさわり始めると，「経済地理学とは何か」については，胡散臭いと思いながらもテーゼのような形で学生に提示せざるを得なくなる。教科書という性質上，本書でも，「経済地理学とは何か」については暫定的な――あくまでも暫定的な――定義づけをしてきた。しかし「誰のための，何のための経済地理学なのか」については，特に触れないでもやり過ごすことができるために，「経済地理学とは何か」よりもさらに濃い霧に包まれるに任せてきた。

　「経済地理学の本質」を問う第60回記念大会のシンポジウムのわずか3年後には，2016年の経済地理学会大会シンポジウム『地方創生と経済地理学』に登壇することになった。地方創生とは，出生率の低下と東京一極集中の間に関係を見出し，日本全体の人口減少を食い止めることを主な目的として，相対的に出生率が高い地方圏への人口の再配置を目指すとともに，地方圏において人口再生産が可能になるような経済基盤を整備しようとする一種の地域政策である。発端となったのは，岩手県知事や総務大臣を歴任した増田寛也氏が率いる日本創成会議の提言であった。地方圏からの人口流出が進み，極端に出生率が低い東京圏の人口シェアが高まると，日本全体の人口減少に拍車がかかり，放置すれば「地方消滅」と「極点社会」という終末へと突き進むことになる。これを回避し，国民経済の持続的な成長を確保するためには，東京一極集中を是正するとともに地方圏への移住をあとおしし，各地域が所得機会の創出に取り組むことであると提言したのである（増田編著2014）。政府は提言をほぼそっくりそのまま受け入れ，司令塔として「まち・ひと・しごと創生本部」を設置して，地方自治体に下知を下し始めた。

　シンポジウムでの私の講演タイトルは「地方創生の目的論」であったから，準備の過程では，地方創生は何を目的としているのか，誰のための，何のための地方創生なのかを突き詰めて考えた。その結果，地方創生はそれ自体が文字通りの目的ではなく，経済成長や人口回復のための手段なのだと痛感し，強烈な違和感を覚えた（中澤2016）。同時に，地方創生の

目的論に対する私の違和感を発信することにどのような意味があるのかを考えさせられた。「誰のための，何のための経済地理学なのか」という問いが，いよいよ形を変えて「自分事」となったのである。自治体に課せられた地方版総合戦略の立案に尽力している経済地理学者もいた。そうした人に敬意を抱きつつも，どうもそれだけではないように感じられた。実践的に「役に立つこと」を超えた経済地理学のアカデミックな存在意義を考え始めると，目の前の霧は深くなるばかりであった。

⑵ 出会い

　他方，大学に職を得て10年近くなった頃から，教育面では学生との交流を楽しむ余裕も出てきた。そんな中で，次第に交流が深くなってきたのが，大分県佐伯市である。佐伯市の郷土料理である「ごまだしうどん」を学園祭で販売してちょっとしたPRをするなど，佐伯市とは前任校に勤めていた頃から接点はあった。しかし，交流が深まったのは，今の大学に移り，多少なりともつてがあることから，毎年実習で学生を連れていくようになってからである。

　佐伯市は大分県の最南端，宮崎県との県境に位置する。合併によって今では九州最大の面積を誇る市町村になっているが，中心の旧佐伯市は海辺の小さな城下町である。これといった観光の目玉もないこの小さな城下町が，次第に私は好きになった。訪れる機会が増え，いろいろな人の話を聞いていくうち，市役所の職員，地域おこし協力隊，そして自らなりわいを創っている人たちが，それぞれにまちを愛し，まちを盛り上げようと様々な活動に取り組んでいることを知った。偶然は重なるもので，佐伯市出身のゼミ生も誕生した。

　一連の地方創生政策の一丁目一番地となったのは，日本創成会議による人口推計である。東京一極集中がちかぢか収束すると想定した国立社会保障・人口問題研究所(社人研)の地域別将来推計人口に意義を唱え，東京一極集中が当面継続すると仮定した推計結果であった。これに基づき，日本創成会議は，2010～2040年の30年間に若年女性(20〜39歳)が50%以上減少する自治体を「消滅可能性都市」と認定した。出産年齢の女性の

絶対数がここまで減ってしまうと，人口の再生産が困難になるからである。

　この人口推計によれば，佐伯市の総人口は30年間で-39.1%の減少（2010年：76,951人→2040年：46,857人），若年女性に至っては-57.6%（2010年：6,726人→2040年：2,850人）と推計される（増田編著2014）。こうして佐伯市は，立派な「消滅可能性都市」と認定される。社人研と日本創成会議の推計結果が違うように，仮定が違えば推計値も異なる——演繹的理論と同じ構造であることに注意——とはいえ，人口推計の手法はすでに確立した人口学の理論に則ったものである。その「客観的」で「科学的」な推計の結果，「佐伯市は消滅可能性が高い」という結論が一意に得られた。縷々指摘してきた問題点を棚上げして，立地論の考え方をオペレーションズ・リサーチの道具として応用すれば，与えられた条件の下で，工場の最適立地点やチェーンストアの最適配置を求めることは技術的に可能である。その結論は，「佐伯市は多くの産業において競争優位に乏しい」といったものであろう。佐伯市は，大分県の漁獲量の50〜60%を占める水産都市であるが，第一次産業は市内総生産の1割にも満たない。地域構造論的に見ても，国民経済・グローバル経済の周縁に位置する海辺の小さな城下町という構造的位置づけを脱することは，極めて困難である。

　アカデミズムでは，事象を「客観的」「科学的」に説明してくれる体系的な理論や知識を生み出すことに価値が置かれる。必然的に，大学での教育や学びも，そうした方向になる。高い一般性を持った立地論は，教える側に「客観的」で「科学的」な理論を教えている感覚——錯覚——をもたらしてくれるし，学ぶ側もいかにもアカデミックな抽象理論を学んでいる感触を得られる。しかし，「客観的」で「科学的」な強い理論から得られる一般的な結論は，往々にして地域に絶望やあきらめ，宿命論をもたらす。私が日ごろ世話になっている佐伯市の人たちは，人口学なり経済地理学の理論による「消滅可能性都市」や「縁辺地域」といった御託宣など欲していない。それどころか，「余計なお世話だ!」と言う顔が目に浮かぶ。望んでいるのは，まちをよくしようと，いま・ここから一歩踏み出す時に少しでも役立つ知識や勇気を与えてくれることであるはずだ。

　自分が慣れ親しんでいた——あるいは多くの学究の徒がいつしかそれ

を自分の手で打ち立てたいと望んできた——体系的な知識や理論に意味がないとは思っていない。しかし，それが地域に希望よりも絶望をもたらす場面は確実にある。一方で，私は，「佐伯の役に立つ」ことを目的として研究しているわけではない。もしそうなら，大学の職などなげうって，市役所に奉職するなり，地域おこし協力隊に応募するなり，市会議員になるなりした方がずっと「役に立つ」だろう。こうして「誰のための，何のための経済地理学なのか」という眼前の霧は，一層濃さを増して，私を包み込むことになったのである。

5　多様な経済と弱い理論

　私とて，光明を見いだせないまま霧の中を彷徨しているわけではない。光はいくつかの光源からさしてくるようであるが，ここでは，J. K. Gibson-Graham（以下G-G）の「多様な経済」について紹介したい（Gibson-Graham 2006, 2008）[5]。G-Gは，2人のフェミニスト経済地理学者，Julie GrahamとKatherine Gibsonが一人格となった筆名である。マルクス主義の影響下で学究の道に入った彼女たちは，その伝統から，やはり「世界を変えるためには，まず世界を知らなくてはならない」と考えていた。ポスト構造主義の洗礼を経て，G-Gはアカデミズムが事実を体系的に説明しつくせる——したがって予測可能性を持つ——「強い理論」や「大きな物語」を追求し，それらが表面的には事実を説明できているように見えれば見えるほど，現状が肯定され，資本主義がより強固な基盤を獲得していくことに思い至った。

　G-Gの提案はこうである。そもそも「経済」とは，私たちの生活を支えているすべての関係であるのに，私たちは「経済」と聞くと「賃労働」「営利企業による市場向けの生産」のことを思い浮かべる。経済全体を氷山にたとえるなら，経済（地理）学は「氷山の一角」の論理で，経済を体系的に説明できるとしてきたし，人々もそれを信じ込んでいた（**図7-2**）。ポランニーの言葉に翻訳するとこうなるだろう。そもそも実在の経済とは，人間が，究極的には自然に依存しながら，必要な食料や物資を得て生活

第7章　　　　　　　　　　　　　　　　　　　　　　　202

図7-2　経済の氷山モデル

賃労働
営利企業による
市場向けの生産

学校で友達と　路上で
おすそ分け
家族のやり取り　不払労働
教会やお寺のチャリティ
シルバー人材　　友達同士
プレゼント　ボランティア
　自営業　お手伝い
物々交換
　　内職　　違法活動
貸し借り
　非市場向け生産
非貨幣経済　自給
　　生産者協同組合
わいろ
　　非資本主義的企業
生活協同組合

Gibson-Graham（2006：70）により作成.

していることすなわち実体的意味であるのに，私たちは「経済」と聞くと，形式的意味の経済を思い浮かべる。経済学は，経済の形式的意味によって立つ経済分析によって，実体的意味の経済を体系的に説明できるとしてきたし，人々もそれを信じ込んでいた。こうして，「経済」イコール「賃労働」「営利企業による市場向けの生産」という認識の基盤は，確固たるものとなる。

　この状況を打開するために，氷山の「海中部分」に目を向けてみよう！とG-Gは問いかける。そうすると，「氷山の一角」の論理では説明できない経済的実践——ポランニーの言葉に翻訳すると交換に対する再分配，互酬，家政——や，資本主義の下では周縁的とされてきた社会的企業，NPO，コミュニティ，家族といった様々な組織形態が，資本主義的領域よりも広く社会に息づき，より多くの時間を人々が費やし，より多くの

　　　　　　　　　　　　　　　　　　立地論を超えて

表7-3　「弱い理論」の例：オーストラリアの多様な保育

交換様式 市場	労働 賃労働	組織形態 資本主義
・家事サービス市場 ・保育市場	・家事サービス労働者 ・企業的保育所の労働者	・人材派遣 ・事業所内保育所 ・資本主義的保育所
オルタナティブな市場	オルタナティブな賃労働	オルタナティブ資本主義
・地域交換システム：地域 　交換取引による保育 ・代替的通貨：託児クラブ ・地下経済：若者に小遣い 　をやってみてもらう ・現物交換：預けあい	・共同：共同保育の労働者 ・自営：保育ママ ・契約：移民の家事使用人（現 　金・現物払い） ・現物：下宿の代わりに子 　供をみる学生	・環境倫理：シュタイナー 　教育 ・社会倫理：宗教的幼稚園 ・国家：公立保育所 ・非営利：コミュニティ保 　育所
非市場	無報酬	非資本主義
・世帯内：両親の分担 ・贈与：家族や友人 ・内的交換：親族への養子	・家族：親や祖父母 ・ボランティア：友人・隣 　人，教会や集会でのボラ 　ンティア ・奴隷：年季奉公	・コミューン的：共同保育， 　共同世帯 ・独立：保育ママ，親によ 　る保育 ・封建的：拡大家族の義務 　的保育

Gibson-Graham（2006：73）により作成.

価値を生み出してもいることに気づく。「氷山の一角」をどっしりと支える「多様な経済」が視界に入ってくる。

　G-Gは，実践的な理論の可能性を，この「多様な経済」に見出す。G-Gがその一例として掲げるオーストラリアの多様な保育（**表7-3**）が示すように，「弱い理論」は記述に毛が生えたようなものに過ぎず，「強い理論」のような体系性は望むべくもない，しかし，人々がいま・ここでできることを実践し，現実を目の前に創り出す可能性を広げ，何よりも希望を与えてくれる。私には，ここに地誌の新たな可能性，論理実証主義のプロジェクトが潰えたことによる消去法ではない地誌の可能性が見えてくるように思える。地域に希望を与える「希望の地誌」の可能性である。地理学者がかかわったものではないけれども，岩手県釜石市や福井県で東京大学社会科学研究所が進めてきた「希望学プロジェクト」は，まさに「希望の地誌」の一例である（東大社研ほか編2009a, b, c, d；東大社研・玄田編2013）。このプロジェクトのリーダーである玄田有史が，計量経済学的アプローチを自家薬篭中のものとした労働経済学者であることもまた感慨

深い。また，過去に関する地誌といえる考古学については，森浩一の「考古学は地域に勇気を与える」という言葉が忘れがたい[6]。

　玄田（2010：45）によれば，希望とは「行動によって何かを実現しようとする気持ち」である。その意味において，G-Gにとっての希望は，コミュニティ経済の建設である。コミュニティ経済はまだない——だからこそ可能性に満ちている——ものなので，明確な像は描きようがないが，参加者の民主的で互酬的な関係を主軸とするネットワーク的な経済空間であるといっておこう。「弱い理論」は，コミュニティ経済の建設に役立つかもしれない資源を可視化するためのカタログである[7]。ここで私が思い出すのは，梅棹忠夫が語っていた「つらぬく論理」と「つらねる論理」である（梅棹1991）。「つらぬく論理」つまり法則定立的な「強い理論」は，体系的ではあっても，未知を既知の体系に押し込め，それによって既知の体系の権威を強めるだけである。「つらねる論理」は，単なる事実の羅列と批判されがちであるが，事実と事実の関係論的な認識を可能にし，それを土台とした「飛躍の論理」によって新しい世界の生成にたずさわる可能性を秘めている。

　G-Gはたかが「氷山の一角」というが，近未来において，私たちの経済生活の中心が「賃労働」「営利企業による市場向けの生産」以外の「何か」にとってかわられることはなさそうである。だから，G-Gの提案に対して，「実現可能性はない」「夢物語だ」という意見は必ず出てくる。しかし，そうした態度こそ，G-Gが批判しようとしているイデオロギーの回路である。「氷山の一角」のオルタナティブはないと信じる「思考停止」が，オルタナティブの芽を摘み取り，「強い理論」の権威を一層強める。なにも「弱い理論」は，革命を求めている——それは昔の「強い理論」の態度である——わけではない。「弱い理論」は，「いま・ここから一歩踏み出し，コミュニティ経済の裾野を広げよう」と人々のたずさわりを求めて呼びかける希望の表れである。

　　　　　　　　　　　　　　　　　　　　　　　　　立地論を超えて

　G-Gの「多様な経済」という視点で佐伯の人たちの実践を見ていくと，まさに「多様な経済」そのものであった。私の知り合いの多くは，「賃労働」ではなく，自らなりわいを創った「創業者」である。生活を立てている以上，貨幣経済の内部にいるが，匿名的な市場(しじょう)におけるあくなき利潤追求よりも，むしろ顔の見える関係(いちばの論理)を大事にしている。そして，本業以外でも互いに連携して，必ずしも儲けにはつながらないまちおこしイベントを楽しそうにやっている。

　学生と一緒に佐伯のまちを歩くと，「多様な経済」を肌で感じる。案内してくれる市役所職員GさんとKさんの自宅は，それぞれ元時計屋と元旅館である。参加者を募り，ワークショップ形式で大掃除をしたり，床張りをしたりして，思い思いにリノベートした。周りにも，リノベーション物件に入居する飲食店が少しずつ増えてきた。飲み屋の二階に上がると，地域おこし協力隊のNさんが，8月の暑いさなか，風もろくに通らない室内で汗みずくになって壁を張っている。協力隊の任期後も佐伯に留まるつもりで，Nさんはここをゲストハウスにリノベートしているのである。去年の夏は，友人が学生とまちの人との交流会を企画してくれ，本当にたくさんの人が集まってくれた。道の駅かまえの店長Hさんから，色とりどりのヒオウギ貝のおすそ分けをうけ，炭火で焼いて食べる。就職するか迷ったものの，Hさんは修士課程修了後，父が生まれ育った佐伯市蒲江で道の駅の再生にたずさわる道を選んだ。交流会の翌日，学生たちは丸一日かけて，ここに来てくれた人たちをはじめ，佐伯のまちをもっと面白くしようとしている人たちに話を聞いて回る。

　私も，雇われない働き方をしている人たちの実践が地域社会にもたらしているものを探ろうと，この間たくさんの人に時間を割いてもらい，インタビューをしてきた。幸い，その成果をまとめる機会があった(中澤2020)。その論文は，体系的理論を提示していないのはもちろんのこと，佐伯の特定の社会的課題の解決を目指したものですらない。しかし，これが読者にとって「小さな理論」として作用すればとひそかに期待してい

る。もし，産学官いずれの立場であれ，「地方創生」に関与する人が雇われない働き方をしている人に注目し，さらには彼／彼女たちの利潤動機に回収されない活動をサポートする手立てを，それぞれの地域の文脈において考えていくきっかけとなれば，あるいはささやかな「小ネタ集」の働きをしてくれれば，この論文は「小さな理論」としての役割を果たしたといえるであろう。

　しかし，私は佐伯の人たちの役に立っているという自負は全くない。よそ者ならではの視点から，住んでいると当たり前すぎて見落としてしまう地域の魅力なり問題点を指摘することはできるかもしれない。しかし，与えられるものよりも，もらうものの方が圧倒的に多い。貴重な時間を割いてインタビューに協力しても，成果物である論文のクレジットは全部私に帰属する。調査の対象者あるいはフィールドと調査者との関係は，どこまでも構造的に非対称なのである。

　私にできることは，これからも佐伯に関わり続け，学生を連れて，あるいは一人で佐伯を訪れ続けることだろう。2020年3月初めに訪れた際には，まだCOVID-19は対岸の火事といった感じで，何人かと飲みにも行った。ところが4月になると，もはや行き来はできなくなり，飲食街は火が消えたようになっているという。そんな折，「コロナ禍をきっかけに，地方に暮らすことのメリットを一緒に考えてみたい」と声がかかり，4月の終わりに佐伯の人たちとオンラインイベントを開催することになった。20人程が参加してくれて，そこではじめて知り合った人もいた。ゼミ生も，佐伯の自宅から参加してくれた。大都市が三密を避けることに躍起になっているなか，「疎」であることのメリットなどを中心に，いろいろな話題が出た。もし，参加者がいま・ここから何かをする実践につながる何かを生み出したならば，このイベントは「弱い理論」が生まれる場であったといえよう。そのような場に声がかかり，立ち会えたことを光栄に思っている。

1) ただし，「経済地理学が，地理学と経済学の両分野にまたがっているということは，この学問が地理学と経済学という二つの学問の扱う現象が，オーバーラップしている領域で成立する，いわゆる学際領域の学問であることを，必ずしも意味していない。だから，ここには単純な学際的研究として片づけられない問題が存在する(川島1986：1)」という言葉には，考えさせられるものがある。川島は，経済地理学を経済学の一分野と断じたのであるが，私は，経済地理学を地理学の一分野とみなしながらも，経済を対象とすることが経済地理学に1つの独立したディシプリンとしての特徴をもたらしている可能性があるかもしれない，とも考えている。

2) 以下は野口(2011)を参考にした。

3) ポランニーは，M.ウェーバーの業績に頻繁に言及しており，さらには経済の形式的意味と実体的意味を区別していなかったことについて明確に批判している(たとえばポランニー1980，2003)。少し歳が離れているとはいえ，同時代人と言って差し支えないA.ウェーバーの仕事についても，全く知らなかったとは，むしろ考え難い。ただ，立地論を知っていたかどうかは不明である。

4) 例えば，伊藤・小田・加藤編著(2020)では，古典的立地論は全19章のうちの第1章に圧縮されている

5) G-Gの議論については，ぜひとも山本(2017)を参照されたい。

6) この言葉は，森を象徴する言葉であり，『地域学のすすめ』と題した森(2002)においても重要なテーマとなっている。

7) 2019年12月22日に，日本学術会議地域学分科会公開シンポジウム『第2期を迎えた地方創生と地域学のパースペクティブ』が開催され，日本学術会議連携会員である私も名を連ねた。最初に登壇したのが玄田有史氏であり，「地方創生と地域の希望学」というタイトルで講演した。内容は，希望学プロジェクトの経験に裏打ちされたものであり，そのキーワードは「小ネタ」であった。「小ネタ」とは，地域に転がっているエピソードであり，場合によってはほら話でもいい。それは希望の「タネ」になりうるものであり，「小ネタ」が豊富な地域ほど，より多くの希望が芽生えるという話であった。「小ネタ」は，玄田氏なりの言葉で「弱い理論」を表現したものといえる。

［文献］

伊藤達也・小田宏信・加藤幸治編著(2020)：『経済地理学への招待』ミネルヴァ書房。

ウェーバー，A.著，篠原泰三訳(1986)：『工業立地論』大明堂。

梅棹忠夫(1991)：「地球科学としての人類学」『梅棹忠夫全集　第10巻　民族学の世界』中央公論社：361-383。

小川徹(1953)：「社会・人文現象の地域論における社会環境の機能に関する一図式」『人文地理』5：83-93。

小田宏信(2012)：「古典的集積論の再考と現代的意義―― 20世紀中葉の経済地理学的成果を中心に」『地域経済学研究』23：36-50。

加藤和暢(2009)：「経済地理学のために」『人文・自然科学研究(釧路公立大学紀要)』21：7-29。

加藤和暢(2016)：「「類型」概念について」『人文・自然科学研究(釧路公立大学紀要)』28：35-54。

川島哲郎（1986）：「経済地理学の課題と方法」川島哲郎編『経済地理学』朝倉書店：1-14。

玄田有史（2010）：『希望のつくり方』岩波書店。

杉浦芳夫（1996）：「幾何学の帝国——わが国における中心地理論受容前夜」『地理学評論』69：857-878。

盛山和夫（2013）：『社会学の方法的立場——客観性とは何か』東京大学出版会。

東大社研・玄田有史・宇野重規編（2009a）：『希望学(1) 希望を語る——社会科学の新たな地平へ』東京大学出版会。

東大社研・玄田有史・中村尚史編（2009b）：『希望学(2) 希望の再生——釜石の歴史と産業が語るもの』東京大学出版会。

東大社研・玄田有史・中村尚史編（2009c）：『希望学(3) 希望をつなぐ——釜石からみた地域社会の未来』東京大学出版会。

東大社研・玄田有史・宇野重規編（2009d）：『希望学(4) 希望のはじまり——流動化する世界で』東京大学出版会。

東大社研・玄田有史編（2013）：『希望学 あしたの向こうに——希望の福井，福井の希望』東京大学出版会。

長尾謙吉（2013）：「産業地理の現実と経済地理学の視点」『経済地理学年報』59：438-453。

中澤高志（2013）：「経済地理学における生態学的認識論と2つの「埋め込み」」『経済地理学年報』59：468-488。

中澤高志（2016）：「「地方創生」の目的論」『経済地理学年報』62：285-305。

中澤高志（2020）：「地方都市でなりわいを創る——大分県佐伯市にみる雇われない働き方の可能性」『日本労働研究雑誌』718：67-84。

野口建彦（2011）：『K.ポランニー——市場自由主義の根源的批判者』文眞堂。

ポラニー，K.著，野口建彦・栖原学訳（2009）：『新訳　大転換——市場社会の形成と崩壊』東洋経済新報社。

ポランニー，K.著，玉野井芳郎・中野忠訳（1980）：『人間の経済 II——交易・貨幣および市場の出現』岩波書店。

ポランニー，K.著，玉野井芳郎・平野健一郎編訳（2003）：『経済の文明史』筑摩書房。

増田寛也編著（2014）：『地方消滅——東京一極集中が招く人口急減』中央公論社。

松原宏（2006）：『経済地理学——立地・地域・都市の理論』東京大学出版会。

森浩一（2002）：『地域学のすすめ——考古学からの提言』岩波書店。

山本健兒（2005）：『新版　経済地理学入門——地域の経済発展』原書房。

山本大策（2017）：「サービスはグローバル経済化の抵抗拠点となりうるか——「多様な経済」論との関連において」『経済地理学年報』63：60-76。

Gibson-Graham, J. K.（2006）：*A Postcapitalist Politics*. Minneapolis：University of Minnesota Press.

Gibson-Graham, J. K.（2008）：Diverse economies: performative practices for 'other worlds', *Progress in Human Geography* 32：613-632.

Peck, J.（2013）：For Polanyian economic geographies. *Environment and Planning A* 45：1545-1568.

あとがき

　「あとがきって，どんなことを書くんだっけ」と思い，拙著『労働の経済地理学』を手に取ってみた。そうすると，次は「住まいと仕事の地理学」について書きたいと記されている。このことは認識していたし，幸い実現することもできた。それだけではなく，どうやら7年前の時点で，私は本書のようなものを書きたいと思っていたようだ。これは意外だった。

　ふと思い立って「はじめに」を書き始めた4月の半ばは，コロナ第一波の真っただ中だった。人と会って話すのが難しい分，書物と対話する時間が増えた。うすうす感じてはいたが，よく知らない人と面と向かって話すよりは，私は書かれたものを通じて，それを書いた人に思いをはせる方が好きなのだ。不謹慎かもしれないが，部屋にこもるのははなはだ快適である。コロナ禍だからこそ，この本が生まれたのは間違いない。

　特にいくつかの本が心に残っている。『「思想」としての大塚史学』(恒木 2013) は，歴史学方法論としては過去のものとなりつつある大塚史学を，一個の社会経済思想として読み解こうとしていた。経済地理学者として熟読すべきは，矢田 (1986) や松原 (2006) がその重要性を指摘した局地的市場圏に関する部分であろう。大塚久雄は，産業資本の確立に当たって局地的市場圏の成立を重要視する。しかし，産業特性や発展段階論といった経済の論理だけでは，局地的市場圏の成立をうまく説明できない。そこで大塚は，M.ウェーバー的エートス（倫理的態度）を持ちだす。「『資本主義の精神』は『全体』への公的な貢献のために『生産力』の拡充に奉仕する

べく私的な『営利』に勤しむ，という『生産倫理』に支えられている（恒木2013：171）」というのである。こうした点は，大塚史学が戦前はもとより「戦後啓蒙」期にも，全体主義的動員論に加担していたとして批判される点である。それはさておき，私は，大塚久雄がマルクスとウェーバーを行ったり来たりするトランスクリティカルな視点から，自らの思想を紡ぎだそうとしていたことに感銘を受けた。

　『「思想」としての大塚史学』は率直にいってすごい本であり，著者の圧倒的な知識と思考力は，私の及ぶところではない。それはそうとして，自分が今書いている本とはあまり関係ないと思っていた。しかし，『プレデール立地論と地政学』（水野2018）を読んで考えを改めた。この本は，忘れ去られた経済地理学者，A.プレデールの立地論を政治経済思想として読み直し，今を生きる私たちへの示唆を引き出しているのである。プレデールは，立地論の探求から，経済空間の論理が政治空間の論理から独立した体系を保っており，それゆえに経済空間と国家空間の乖離が緊張関係を生み出すことが避けられないと思い至る。ヨーロッパにおいては，チューネン圏も，A.ウェーバーの立地三角形も，必然的に国土空間を超えた広がりをもつ。経済空間の論理（立地論）と政治空間の論理（地政学）の緊張関係に折り合いをつけようとするプレデールの模索は，自由貿易を旗印とする経済統合とブロック経済化が同時に進んでいるようにみえる現代のグローバル経済を考えるうえで，確かに示唆に富んでいた。プレデールを正面から取り上げているばかりか，ドイツ歴史学派と経済地理学の接点（玉野井1978が注目している）やA.ウェーバーが展開した貿易政策論，さらには日本地政学と立地論の関係にも論及しており，経済地理学者として浅学無知を思い知らされるような読書体験でもあった。

　「私が今書こうとしている本は，古典的立地論を扱ったものだ。それは動かしようがない。そうなると，内容からいって現代の世界認識に役立つものにはならないだろう。でも，それぞれの論者の立地論を思想として読み解いていくことはできるかもしれないな…」恒木の著作を読み，水野の著作を読んで，そう考えた。そして出来上がったのが，この本である。そのような目標を立てたことと，行論の都合から，重要な先行研究

であっても，十分に言及できなかったものがたくさんある。なかでも，山名(1972)と柳井(1997)は，古典的立地論の訓詁学的解説にとどまらない問題意識から書かれており，簡単にでも触れておくべきだろう。

　山名(1972)が書かれた意図は，山名(1997)に明示されている。日本の経済地理学には，経済地域性すなわち経済地理の生成・発展の法則を定立しようとする立場と，地域の個性を記述する経済地誌を重視する立場の2つの流れがある。山名は前者に興味を持ち続け，それを体系化して世に問うたのが山名(1972)である。資本主義経済の主役は資本であり，貨幣資本，生産資本，商品資本と形態を変えながら運動する。それぞれの形態での空間運動様式は異なっており，その絡み合いがいかなる経済地理を生成・発展させるかを法則定立的に認識することが，山名(1972)の目標であった。

　山名(1972)は，土地固着的だが点とみなせる産業資本の立地，自然(土地)を資本が面的に利用する際に問題となる地代論，資本の回転を速めるために販売促進を求める商業資本の立地を扱ったのち，それぞれの資本形態の立地を再生産の空間構造として総体的に把握しようと試みる。山名(1972)は宇野理論のいう原理論の経済地理学版を追求しようとして書かれた(山名1998)。宇野理論では，経済学の研究を原理論，段階論，現状分析の3つに分ける。原理論はイデオロギーを排した純粋な資本主義経済の法則を解明することを任務とする。段階論では，資本主義経済の歴史的な発展段階とそれぞれの段階が必然的に要請する経済政策が分析され，現状分析は現実の資本主義経済の分析に相当する。

　しかし，宇野理論のいう原理論，段階論，現状分析がそれぞれどのような関係にあるのかは必ずしも明らかではない。段階論については宇野自身が手掛けており(宇野1974a)，山名(1972)にもその指向性がうかがえるのでまだいい。しかし，宇野理論の系譜において現状分析が著しく不足していることが物語るように，具体的な経済地理の生成・発展の理解に資本の空間運動の原理論がどのような形で貢献できるのかは，はなはだよくわからない。加藤(2018)同様，私は経済地理学の任務を現状分析，つまりは現実の経済地理の分析にあると考えているが，立地論を原理論

と位置付けると，立地論を理念型として生かすという本書が示唆した方向性は芽がなくなってしまう。なぜなら，宇野自身が，19世紀イギリスにおいて経済自身が純粋な形に接近してきたため，経済学は現実から対象を模写する方法を学び取ることができたという「方法の模写」説を掲げ，自身の原理論はM.ウェーバーのいう理念型ではないと主張しているからである（宇野1974b）。本書を書くことによって，山名の労作をどのように生かしたらいいのか，ますますわからなくなった部分はあるが，山名と私の立ち位置の違いを明確に認識できたのは収穫である。

　柳井（1997）もまた，経済地理の生成・発展のメカニズムを法則定立的につかみとろうとする。「空間概念の欠落する経済理論と，歴史性の欠落する立地論を，おのおのの長所で補い合わせて，現代の地域構造の分析の視角を確定（p.4）」するとあることから，その目標は山名と比べれば現実の説明に近いところ据えられているのだろう。山名（1972）は，資本形態によって空間運動と立地原理が異なり，その錯綜が経済地域性を生み出すことに着目しているが，原理論であるだけに具体的な産業を想定していない。一方柳井（1997）は，「地域構造」という言葉が示すように，主導産業の立地が国民経済の地域的分業体系の骨格をなすとする地域構造論に依拠している。後に柳井は，情報通信技術の発展による地域構造の変容についても法則定立的な把握に取り組んでいる（柳井編著2004）が，ここでは主導産業を製造業に限定したうえで，生産様式の変化に合わせた主導工業の立地形態の変遷を，レッシュ型⇒クリスタラー型⇒ウェーバー型⇒グリーンハット型といったように，立地論を援用してとらえようと試みている。つまり，立地論を発展段階論に落とし込もうとするのである。

　時間軸に沿って配列することで，立地論の欠点である没歴史性を克服するという発想はユニークであり，虚を突かれた感がある。しかし私は，存在意義は認めるにせよ，ぜんたい発展段階論というものに対する懐疑をぬぐえない。生産様式の発展に応じた立地形態の変遷という図式に限定していえば，そこにどの程度の一般性ないし普遍性を想定しているのか，現実世界における経済地理の変遷の説明にどのように生かしていけばいいのかについて，柳井（1997）からは読み取れなかった。山名の場合

と同じで，現実の経済地理の説明に対して，立地論をどのように役立てればよいのかが伝わってこないのである。

　立地論をどのように役立てるのか，という疑問に対して，私は本書をもって明確に答えることができなかった。それはよく自覚している。しかし，そのような問いを立てられるようになったこと，そして立地論に対してまがりなりにも批判を展開できたことは，私にとって大きな成功体験(?)だった。「はじめに」にも記したことだが，大半の学生は教科書に著者がいることすらあまり意識しておらず，それこそ学説は天与のものくらいに考えているから，「教科書を疑え」といわれても，それはできない相談である。私も長らくそうであったのだが，初校を終え，こうしてあとがきを書いていて，なんとか教科書を疑うだけの知的体力がついてきたらしい感触を得ている。ほぼ全編が書き下ろしになるため，どうなることかと思ったが，初出論文の制約がないためむしろ書きやすかったし，なにより新しいものを作っている感覚が心地よかった。

　次はどうしようか？　直近5年くらいの間にやりたいこと，書きたいものはだいたい決まっているが，その先は全く見通せない。5年たつと50歳になるので，心機一転，日本人がほとんどいない，世界のどこかでフィールドワークをしてみてはどうか？　あとがきに書いておくと成就することもあるようなので，一応ロマン主義的希望を記して結んでおこう。

宇野弘蔵(1974a)：『宇野弘蔵著作集　第7巻　経済政策論』岩波書店。
宇野弘蔵(1974b)：『宇野弘蔵著作集　第9巻　経済学方法論』岩波書店。
加藤和暢(2018)：『経済地理学再考——経済循環の「空間的組織化」論による統合』ミネルヴァ書房。
玉野井芳郎(1978)：『エコノミーとエコロジー——義の経済学への道』みすず書房。
恒木健太郎(2013)：『「思想」としての大塚史学——戦後啓蒙と日本現代史』新泉社。
松原 宏(2006)：『経済地理学——立地・地域・都市の理論』東京大学出版会。
水野忠尚(2018)：『プレデール立地論と地政学——経済のグローバル化と国家の限界』早稲田大学出版部。
矢田俊文(1986)：「産業構造の展開と経済の地域構造」川島哲郎編『経済地理学』朝倉書店，15-40。
柳井雅人(1997)：『経済発展と地域構造』大明堂。
柳井雅人編著(2004)：『経済空間論——立地システムと地域経済』原書房。
山名伸作(1972)：『経済地理学』同文館。
山名伸作(1997)：「経済地理学と経済理論」『阪南論集 社会科学編』32(4)：173-187。

217

わ

[著者紹介]

中澤高志(なかざわ　たかし)

明治大学経営学部教授。東京大学総合文化研究科博士課程修了。博士(学術)東京大学。大分大学経済学部准教授，明治大学経営学部准教授を経て現職。専門は経済地理学，都市地理学。著書に『職業キャリアの空間的軌跡』(大学教育出版)，『労働の経済地理学』(日本経済評論社)，『地方に生きる若者たち』(共著，旬報社)，『住まいと仕事の地理学』(旬報社)など。

経済地理学とは何か
──批判的立地論入門

2021年2月5日　初版第1刷発行

著者‥‥‥‥‥‥‥‥‥‥‥‥‥‥中澤高志

ブックデザイン‥‥‥‥‥‥‥‥宮脇宗平

発行者‥‥‥‥‥‥‥‥‥‥‥‥‥木内洋育

発行所‥‥‥‥‥‥‥‥‥‥‥‥‥株式会社旬報社

　　　　　　　　　　　　　〒162-0041　東京都新宿区早稲田鶴巻町544

　　　　　　　　　　　　　TEL：03-5579-8973　FAX：03-5579-8975

　　　　　　　　　　　　　ホームページ http://www.junposha.com/

印刷・製本‥‥‥‥‥‥‥‥‥‥中央精版印刷株式会社